CÓCTELES

DE AMÉRICA LATINA

CÓCTELES
DE AMÉRICA LATINA

UNA CELEBRACIÓN DE LA CULTURA
Y SUS DESTILADOS, CON 100
RECETAS DE LEYENDA Y MÁS

IVY MIX
CON JAMES CARPENTER

TRADUCCIÓN DE MARÍA LAURA PAZ ABASOLO
FOTOGRAFÍAS DE SHANNON STURGIS

VINTAGE ESPAÑOL

PARA ESME

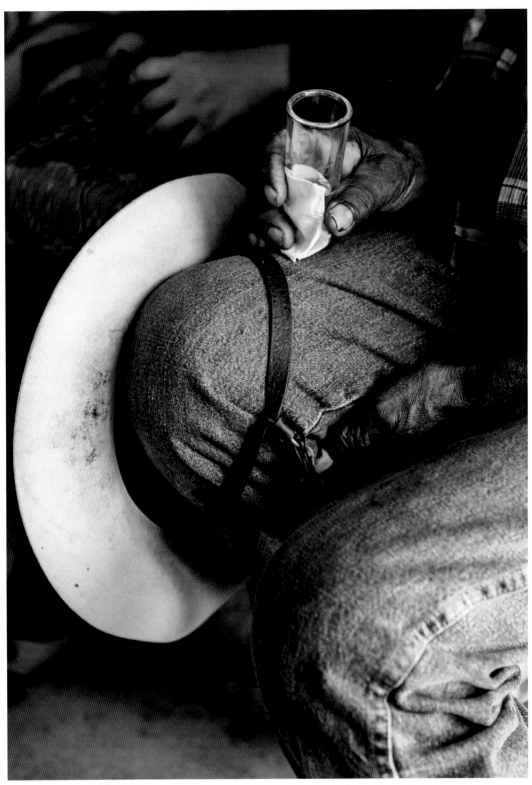

Arriba: Disfrutando un mezcal en Candelaria Yegolé. Oaxaca, México. **Página 2:** Altar a la Virgen de Guadalupe y Nuestra Señora de Juquila, en el hogar de la familia Morales Luis, productores de mezcal en Santo Domingo Albarradas. Oaxaca, México.

INTRODUCCIÓN

Es una sencilla ley de la física: la energía no se destruye ni desaparece; se tiene que transmitir. Se libera cuando hablamos, bailamos y reímos. Los destilados latinos son la base de nuestras celebraciones.

—CARLOS CAMARENA, DESTILERÍA LA ALTEÑA

Yo crecí en un pueblo muy pequeño en el interior de Vermont. Y cuando digo pequeño quiero decir *realmente* minúsculo —setecientos habitantes—, de esos pueblos donde todos se conocen de nombre y no hay nada que no sepan de ti. Como se hallaba lejos de ciudades y aeropuertos, mi experiencia del mundo y su inmensidad fue bastante limitada de pequeña.

Cuando decidí estudiar en una universidad de artes liberales (de nuevo, en Vermont), mi vida cambió. El año escolar se dividía en trimestres, y cada año, durante el trimestre de invierno, estábamos obligados a salir del campus y trabajar en nuestro rubro. Yo no tenía idea de qué quería hacer ni de cuál era mi "rubro"; solo quería ir a algún lado —*adonde fuera*—, salir del país, aprender una lengua extranjera y ver algo distinto de aquello a lo que estaba acostumbrada. Aunque no lo distinguía muy bien aún, sufría un clásico caso de "espíritu viajero".

Acabé en Antigua, Guatemala. Dos días después de mi llegada, me topé con el ahora famoso Café No Sé. Me senté, pedí una cerveza y traté de aparentar que mi yo de diecinueve años se hallaba a sus anchas en un bar. Disfruté tanto el lugar, que volví la noche siguiente... y cada noche después, durante los dos meses que estuve en Antigua. Cuando llegué a Vermont, contaba los días que faltaban hasta que por fin pudiera regresar, y así fue como Guatemala se convirtió en mi hogar, y el bar, en mi trabajo durante casi la mitad de todos los años de universidad. Siempre que estaba ahí, pasaba las noches trabajando y los días explorando, inmersa en esa tierra extraña que se sentía como mi casa. Antigua es un pueblito colonial particularmente pintoresco, y yo me pasaba horas cada día vagando por sus calles empedradas y visitando los mercados antes de ir a trabajar.

Lejos de curarme, esa experiencia estimuló mi espíritu viajero, que continuó creciendo. Mis viajes pronto me llevaron a otras partes de América Latina: primero, a México, a donde viajé con John, el dueño del Café No Sé, para importar de contrabando mezcal oaxaqueño en Guatemala. Luego, a Perú, y más tarde a Argentina, y más. Tiempo después me mudé a Nueva York, donde trabajé como cantinera, ingeniándomelas para viajar al sur por cualquier motivo, cada vez que podía.

En 2015 abrí mi bar, Leyenda, en Brooklyn, un lugar dedicado a celebrar las culturas latinoamericanas de las que me había enamorado. Llevaba ya siete años viviendo en Nueva York y extrañaba tanto América Latina que sabía, con toda certeza, que si no me mudaba a allá tenía que traer un poco de *esa tierra* a mí. Leyenda fue mi solución, la manera de unir mi pasión por los bares con mi pasión por lo latino.

Este libro es una solución más. Viajar al sur y conocer pueblos latinoamericanos y sus culturas, en parte a través de lo que suelen tomar, me enseñó a relacionarme con otros en tanto miembro de una sociedad global, y no como la isla de un solo habitante que antes había sentido que era. A través de estas páginas me gustaría ofrecer otro contexto para lograr justamente eso: unirnos a otras culturas a través de sus bebidas tradicionales.

Muchos de los cócteles clásicos súper famosos provienen de América Latina, desde el Daiquirí y la Margarita hasta el Pisco Sour y el Mojito. Sin embargo, en comparación con el resto del mundo, América Latina no tiene una cultura de coctelería. Lo que sí posee es una amplia e imprescindible tradición de destilados.

Siendo como soy una cantinera a quien le encanta experimentar con sabores, tengo a las bebidas latinoamericanas entre mis más grandes fuente de inspiración. La riqueza cultural de esos lugares encuentra paralelo en el sabor profundo y distintivo de sus licores. Estos son como una paleta de colores; no quieres pintar con un solo azul y un amarillo, sino con todos los matices que cada uno de estos

Tierra arcillosa seca en un campo de agave de La Alteña, en Arandas. Jalisco, México.

El agricultor David William, cosechando caña de azúcar en un campo recién quemado, en Appleton Estate. St. Elizabeth, Jamaica.

contiene. Yo quiero *grandes* sabores para crear mis cócteles, y en mi opinión ningún conjunto de licores y destilados tiene más espíritu, viveza y sabor Tecnicolor que los de América Latina. Desde los brillantes tonos florales del pisco peruano hasta el toque ahumado y terroso del mezcal oaxaqueño, sus sabores ofrecen una *muy* rica materia prima para trabajar, y de ellos se obtienen algunos de los cócteles más brillantes y vívidos que hay.

En la cultura vinícola existe una palabra que quizá hayas escuchado con anterioridad: *terroir*. No hay una traducción literal para el término, pero básicamente hace referencia a la manera en que ciertos factores geográficos, como la tierra, el sustrato, la topografía y el clima, le otorgan sabores y sensaciones particulares al vino. Para mí, *terroir* afecta a toda clase de alimentos y bebidas. Y no solo el suelo, también la identidad, la historia y la cultura en donde surge cada plato o bebida tiene un impacto en esta. Hay razones concretas, tanto ecológicas como culturales, que hacen que el Pinot Grigio sepa diferente de, digamos, el Verdejo, o que el Chardonnay de California no sepa igual que el de Francia. Pero también hay un motivo por el que no pienso "*¡Oh, París!*" cuando bebo tequila. Existe una conexión entre lo que pruebo y la identidad, historia y tradición de la gente que lo prepara; es una relación intrínseca que me parece un *terroir cultural*. Yo quería comprender más allá de la composición del suelo y la elevación de los campos de agave de donde sale mi tequila. Me di cuenta de que, para mí, no era tan importante responder de *qué* estaba hecho algo, como *por qué* se hacía en un principio. Por qué existen estas bebidas, cómo se originaron, de qué clase de historia son parte y por qué las seguimos disfrutando hoy en día, son las incógnitas que intenté responder en este libro.

Desde un punto de vista burdo y comercial, los destilados de América Latina claramente están "teniendo su momento" aquí en Estados Unidos. Dondequiera que mires, encontrarás que casi todas las celebridades parecen tener su propia marca de tequila. Hace una década más o menos, la popularidad del tequila disparó una fascinación mundial por su primo de sabor más ahumado, el mezcal (sobre este se comenta en el capítulo dedicado al agave), y a partir de este la lista no ha parado de crecer. Asimismo, en el mundo de hoy hay un creciente interés en las cosas *artesanales*. Queremos volver a la esencia de todo. Y esa esencia, en el mundo de la gastronomía y la bebida, no es más que la significación que estas poseen para los pueblos que las crean. A diferencia de, digamos, los bourbons de Estados Unidos, las ginebras inglesas y los vodkas rusos, muchos de los licores y destilados de

América Latina se producían, hasta hace muy poco, en una escala pequeña y con métodos preindustriales. Si bien eso está cambiando —en algunas partes, a una velocidad peligrosa—, muchas de las bebidas latinas que más me gustan se siguen produciendo de manera artesanal.

Mi noción de *terroir* cultural encuentra un buen paralelismo en la idea de *patria*, concepto difícil de comprender en inglés, porque carece de un equivalente real en ese idioma. *Patria* es no solo un espacio geográfico, sino también su ethos y su identidad. Comprende la historia nacional de una persona, sus tradiciones, sus actitudes y su sentido de pertenencia a un lugar, aquello por lo que siente orgullo y devoción desinteresada cuando actúa con patriotismo y, como este, tiene tanto que ver con los constructos a través de los cuales se expresa el individualismo nacional como con las fronteras físicas.

No podemos hablar de la historia latinoamericana ni de la historia de sus bebidas sin mencionar el colonialismo. Durante los siglos que duró la colonización, que comenzó hace quinientos años, los europeos impusieron sus costumbres a los pueblos indígenas de América: desde nuevas tecnologías como la destilación y los alambiques hasta prácticas agrícolas como el cultivo de la vid. En muchos casos —a veces sin otra alternativa que la autodestrucción total—, en lugar de rechazar estas costumbres, los nativos las adaptaron a las suyas para poder sobrevivir, mientras conservaban tanto como les fuera posible sus tradiciones e historias. Continuaron venerando a los dioses antiguos junto con los nuevos; las artes y los rituales ancestrales encontraron un lugar entre los extranjeros, y los alimentos y bebidas, además de las múltiples tradiciones que los rodean, sufrieron la misma imbricación y metamorfosis. Surgieron nuevas *patrias*, y la mezcla racial resultante de la sangre europea e indígena, y de ambas tradiciones, dio lugar a lo que hoy conocemos como cultura *mestiza*.

En algunas zonas de América Latina, y sobre todo en las islas del Caribe, en apoyo a la industria de la caña de azúcar, que se volvió tan prominente, se añadió otro factor fundamental a este crisol de culturas: el tráfico de esclavos africanos. De la fusión única de las culturas indígenas de América con las diversas naciones colonizadoras europeas y los esclavos del oeste de África que estas importaron, surgieron nuevos grupos étnicos y productos tradicionales. Entre ellos, una bebida de caña conocida como ron que por mucho tiempo ha sido, y continúa siendo, uno de los principales productos de exportación del Caribe. Estos grupos y productos son la contraparte cultural de la mezcla colonial que tuvo lugar a lo largo

Descarga de uvas que serán prensadas para producir singani para Bodega Casa Real. Tarija, Bolivia.

de todo el continente. Por ese motivo, aunque muchas personas no crean que el Caribe es parte de América Latina, sí lo es.

Por supuesto, al reconocer y celebrar la mezcla de lo viejo y lo nuevo, lo importado y lo endémico, no debemos ignorar que muchas veces esta fue resultado de genocidios, matanza y opresión, y de la trágica ruptura de comunidades y familias, así como de las identidades tradicionales de estas. Sin embargo, los seres humanos son increíblemente resilientes, y el impulso humano por comprender y reafirmar la realidad es capaz de crear belleza hasta del caos más devastador. Las bebidas de América Latina forman parte de esa belleza notable.

En este libro agrupé las bebidas en tres familias, a partir de su materia prima: agave, caña de azúcar y uva. Estos grupos no son solo relevantes con respecto a la noción de *terroir*; representan también distintas interacciones entre los indígenas americanos y los colonizadores europeos. La planta del agave, con la que se hacen el tequila y el mezcal, es endémica de América, y es posible que se destilara en México incluso antes de la llegada de los españoles. Las uvas y las bebidas de uva, en cambio, fueron importadas por los europeos, y los productos desarrollados en América fueron imitaciones de aquellos existentes en Europa. Los destilados de caña de azúcar, esa expresión bebible de *patria* que surgió en los diversos territorios colonizados donde se producía azúcar, representan la combinación caótica de tradiciones indígenas y europeas.

LO BÁSICO

Además de acercarnos a las bebidas latinas a partir de estas tres familias, es necesario conocer los procedimientos mediante los cuales estas se obtienen. En cada sección referiré el proceso de producción para esa familia de bebidas, y ofreceré algunas de mis recetas favoritas para preparar cócteles con el licor en cuestión. Pero, antes de entrar en los detalles de la preparación ofrecidos en cada capítulo, resumiré el proceso general para que sirva de guía a lo largo del camino.

Para empezar, necesitamos algo —lo que sea— que tenga azúcar, o almidones que se puedan convertir en azúcar. Ya sea la uva, el agave, la caña de azúcar o cualquier otra planta, la forma en que esta es cultivada y nutrida en su crecimiento, así como el procedimiento utilizado para extraer sus azúcares, afectará el producto final. Cuando visité Cuba, el maestro ronero de Havana Club, Asbel Morales, me dijo: "Árbol que nace torcido jamás su tronco endereza", lo que quiere decir que, si la materia prima no es buena, ninguna adulteración posterior la podrá arreglar. Consciente de esto, cualquier productor de buen licor empezará por darle una buena vida a la planta, para garantizar así que tenga todos los nutrientes necesarios —añadiendo la menor cantidad posible de químicos— para convertirse en la mejor versión de sí misma: la plantita más frondosa y audaz que pueda ser.

En ocasiones se requiere un poco de cocción después de la cosecha para transformar los almidones de la planta en azúcares útiles para la fermentación —en lo que respecta a este libro, ello solo se aplica en el caso de los agaves—. Una vez concluido este proceso, extraemos los jugos, ahora adecuadamente azucarados, aplastando, exprimiendo y triturando la planta de una u otra forma. A veces se añade agua para adelgazar la mezcla y llevar al punto deseado el nivel de azúcar. El resultado son dos productos diferentes: restos de la planta, libres de su contenido azucarado —bagazo, o *bagasse* en francés e inglés—, y el jugo dulce que usaremos como material en crudo para la fermentación. En la producción de la caña de azúcar en particular, el jugo se conoce como guarapo, o *jus* en francés, pero al comenzar la fermentación se denomina comúnmente mosto en español, *vin* en francés y *must* en inglés.

Durante la fermentación sucede la verdadera magia en la producción de alcohol, y en todos mis viajes me he percatado de que es en este punto donde los productores muestran más orgullo por su trabajo. No se trata solo de la etapa en la cual se obtiene el alcohol, sino también de aquella en que se forman por primera vez los esteres —los componentes que le dan el sabor dulce y el aroma afrutado a los licores—, cosa sobre la que muchos nerds especialistas en bebidas alcohólicas pueden estar eones discutiendo, como hacen. Durante mi visita a Rhum J.M, en la hermosa Martinica, conocí a la maestra mezcladora de la destilería, Karine Lassalle, quien tras graduarse de química se dedicó a perseguir su pasión por todo lo que puede destilarse. Durante una conversación sobre el sabor y el aroma de los destilados —en la que muy amablemente evitó tecnicismos por deferencia a mí— resumió este proceso como: "A fin de cuentas, todos los sabores del alcohol vienen de la fermentación. La destilación solo expresa lo que la fermentación produce".

La fermentación alcohólica requiere una mezcla sencilla de tres ingredientes: azúcar, agua y levadura. Las levaduras son, en pocas palabras, criaturas minúsculas que, bajo las condiciones adecuadas (ahí es donde entra el agua), devoran azúcar

Limpieza de las fibras de agave (bagazo) sobrantes en un alambique de cobre de Tequila Siete Leguas, en Atotonilco el Alto. Jalisco, México.

y la expelen como alcohol y dióxido de carbono. Una vez concluido el proceso, las levaduras mueren en el ambiente alcohólico que produjeron —habiendo producido una sustancia parecida al vino o la cerveza que, como promedio, posee un máximo de 6 a 13 por ciento de alcohol por volumen—, con lo que cesa la fermentación.

Para fermentar se pueden usar levaduras fabricadas o naturales, presentes en el aire. Muchos dirían que las levaduras que se encuentran en el aire crean un perfil de sabor más localizado y detallado, pero la levadura fabricada por los destiladores es mucho más eficiente y fácil de controlar en la producción. La fermentación puede tomar más o menos un día, o hasta una semana o más; algunos productores de cosas muy raras presumen de sus procesos de fermentación de hasta treinta días. La clase de recipiente utilizado en este proceso varía de un destilado a otro; es más común utilizar acero inoxidable hoy en día, pero la gente utiliza de todo, desde ollas de barro hasta hoyos en el suelo —en Jalisco, México, el corazón del territorio tequilero, vi fermentar la raicilla local en una enorme piedra de río con agujeros taladrados—. Al concluir la fermentación, se habrán obtenido dos subproductos importantes: etanol, que aporta la potencia alcohólica, y esteres, los componentes moleculares que le dan su sabor. En términos generales, entre más dure la fermentación, más esteres se producirán y menor será el contenido de alcohol (etanol).

Si queremos que nuestro producto final tenga más de 13 por ciento de alcohol, es probable que haya que destilar. Se trata de una antigua ciencia, cuyos orígenes datan de hace miles de años en diversas partes de Medio Oriente, África y Asia. Hacia el siglo XII d.C., cuando la tecnología ya había llegado al sur de Italia a través de sus vecinos árabes, el proceso era bastante común y existían numerosos tipos de destiladores o alambiques. Para nuestro propósito, el más importante es el alambique de cobre, introducido en España y Portugal por los comerciantes moros, y luego en el "Nuevo Mundo" por los colonizadores provenientes de estas naciones.

Los destiladores suelen ser hechos con cobre, excepcional conductor de temperatura, y estimulante de muchos componentes del sabor. Los destiladores de cobre pueden ser aparatos increíblemente hermosos, creados con gran precisión, y el arte de su fabricación es antiguo y reverenciado. Cuando estuve en la destilería de Siete Leguas, en Jalisco, conocí al dúo —padre e hijo— responsable de construir y dar mantenimiento a los alambiques de cobre de casi todos los productores de tequila de la zona. El cuidado con que hacen su trabajo es inspirador. Ambos me aseguraron que, como todo arte, solo una persona con cierta sensibilidad puede dominarlo; ninguna máquina podrá jamás acariciar y manejar el sutil metal con tanta efectividad como la mano humana.

Aunque el cobre es el material más utilizado, los alambiques y los recipientes para fermentación pueden ser de casi cualquier material: madera, ramas de árboles, ollas de barro, barriles de cincuenta galones. En Haití, una vez vi un alambique hecho con un viejo vagón de tren. Cualquiera que sea el material, la función del equipo sigue siendo la misma: calentar la mezcla hasta que hierva, permitir que el alcohol (que hierve más rápido que el agua) se evapore primero, enfriar el vapor para que se condense de nuevo en alcohol, fraccionarlo en varias etapas y potencias de alcohol y pureza, y separar las partes a placer para obtener un buen destilado. Esta tecnología tiene dos formas básicas, y cada destilador es una variación de una de ellas: olla y columna.

El alambique más antiguo y sencillo es el de olla, cuya forma más elemental es esa: una olla. El vapor se eleva del vino hirviendo o mosto fermentado (conocido como *wash*) que se encuentra en su interior, golpeando una tapa superior sellada herméticamente. La tapa se conserva fría para condensar el vapor, rico en alcohol, y devolverle su forma líquida, para hacer el licor. Con independencia de cómo se caliente el alambique, los distintos compuestos químicos se evaporan y condensan a temperaturas diferentes, y no es deseable que todos formen parte del licor. Algunos solo saben mal, pero otros son muy venenosos y, entre otras cosas, han sido los responsables de que varios destiladores ilegales hayan quedado ciegos. En términos generales, las sustancias no deseadas son destiladas al principio y al final del proceso, y las buenas, a mitad de este. Estas etapas se llaman, respectivamente, cabeza, cola y corazón. El proceso de selección en que el destilador separa lo bueno de lo malo se llama corte.

Sin embargo, la destilación en olla no es la más eficiente; con este método, suele ser necesario destilar un licor múltiples veces para obtener los resultados deseados. Llevar un licor hasta 55 por ciento de alcohol, por ejemplo, simplemente no es posible con una sola pasada por el alambique, y destilarlo múltiples veces en olla requiere mucho esfuerzo.

Aquí entra el alambique de columna. La columna típica que se utiliza en la actualidad no difiere mucho del alambique Coffey original, o alambique "patente", nombre que le dio en 1830 uno de los primeros dueños de la patente, el irlandés Aeneas Coffey. También conocido como el alambique continuo por, bueno, su proceso continuo, un alambique de columna se compone de una o más columnas gigantescas de metal con placas de enfriamiento perforadas colocadas en el interior a varias alturas. Al aplicar calor en la base del alambique, el mosto fermentado gotea y se evapora; el vapor se eleva y se condensa en diferentes niveles. Entre más columnas se utilicen, más "refinado" —y neutro— será el licor. Con esta clase de alambique no hay necesidad de limpiar, recalentar y destilar nuevamente; todo el proceso ocurre en un único flujo ininterrumpido. Basta con elegir la altura de placa que produce el mejor resultado —según las preferencias de cada cual—; la columna condensará y volverá a evaporar el mosto hasta alcanzar la graduación alcohólica deseada, que puede llegar hasta un 95 por ciento de alcohol. ¡Eso es eficacia!

Para algunos, el tren se detiene después de la destilación: es alcohol, después de todo, listo para intoxicar a los consumidores. En varias partes de América Latina, a este destilado crudo y cristalino se le llama aguardiente, nombre genérico de lo que en inglés se conoce como *firewater*. (A pesar de haber probado deliciosos aguardientes de todas partes de América Latina, puedo decirte que ¡puede quemar *mucho* más que el fuego!). En este libro utilizaré el término *aguardiente*, pero tiene diferentes significados específicos en distintos lugares. En México llaman así al tequila o al mezcal producido sin tener en cuenta las regulaciones establecidas por las leyes del país; en Cuba, se usa para denominar el destilado de caña de azúcar, antes de la mezcla y el añejamiento; en Perú, se usa para nombrar el pisco producido en Chile. En su forma más simple, no obstante, el aguardiente es un término genérico que solo significa "licor destilado", por lo general sin añejar.

Debo admitir mi debilidad por los licores no añejos. En mi primer viaje a Oaxaca, a los diecinueve años, cuando comenzó lo que se volvería un romance de por vida con el mezcal, me dijeron básicamente, "Mira, chica. Esto es delicioso recién salido del alambique. ¿Para qué taparlo?". En mi opinión, el mejor licor es el que menos adaptaciones sufre con respecto a su forma original —ya sea por la adición de colorantes o azúcar, o por el tiempo que pase en barricas—. Pero, hoy en día, muchos, si no la mayoría, de los consumidores en el mundo prefieren los licores añejos, y muchos, si no la mayoría, de los productores tienden a añejar los suyos.

Sin embargo, esta no es, de ninguna manera, una regla universal para todos los destilados latinos. Entre otras cosas, por una razón importante: el añejamiento es caro. En primer lugar, tienes que comprar barriles, que en la mayoría de los casos son barriles de bourbon de Estados Unidos —esto es común alrededor del mundo, no solo con los licores latinos. ¿Por qué? Porque, por ley, los barriles de bourbon solo pueden ser utilizados una vez para hacer whiskey estadounidense, así que hay

Ron añejándose en roble francés, en Martinica.

muchos sobrantes... ¡y están cerca!—. Luego tienes que dejar el licor reposar en una bodega (lo que cuesta dinero) y contratar empleados que lo revisen (cosa que cuesta más dinero aún) ¡mientras se evapora a través de la madera (lo que cuesta todavía más dinero)! El alcohol que se pierde por evaporación, conocido como la porción del ángel (o la porción del diablo, como me dijo en broma un productor de tequila mientras recorríamos su húmedo depósito), suma una pérdida considerable de producto: en los climas más cálidos de América Latina, esta varía entre 2 y 15 por ciento al año. Es mucho alcohol que desaparece así, sin más.

El proceso de añejamiento se puede realizar según diversos métodos, la mayoría basados en que el licor permanezca en contacto con la madera suave que le dará sabor y color. La forma más sencilla de hacerlo es un barril a la vez, usando barricas de mayor o menor tamaño para agregarle diversos tonos de madera al licor. Los métodos varían de un lugar a otro, ya sea que se encuentren legislados como parte del proceso de elaboración de licores o no. Aprendí sobre esto con Thibaut Hontanx, director de producción en Rhum Clément, cuando visité sus impresionantes instalaciones un día que para mí era abrasador... aunque resultara bastante ordinario en la tropical Martinica. "Para mí, las declaraciones de edad no significan nada, porque el alcohol no se añeja a la misma velocidad en distintos lugares", me dijo. "Aquí tenemos una porción del ángel de 8 por ciento al año. En Europa es de 2; en Escocia, quizá de 1... Todo es diferente. La calidad de un licor añejo tiene más que ver con la artesanía que con la declaración de edad en sí".

A pesar de que la creencia en que los licores añejos son mejores se encuentra basada en una simplificación excesiva (y un equívoco rotundo), es claramente una tendencia en el mundo de hoy. Podemos culpar de ello al whiskey escocés, o quizá al coñac. Una cierta arrogancia acompaña en muchos casos al deseo de añejar los licores en la actualidad, casi siempre enteramente fuera de lugar. Me gusta pensar en el añejamiento como un marco de madera alrededor de una pintura o una fotografía, metáfora que adopté de Carlos Camarena, maestro destilador de El Tesoro y otros tequilas excelentes. El propósito del marco no es superar al cuadro; su presencia lo debe realzar y brindarle un poco de énfasis. Si el cuadro es feo, envolverlo en un enorme y hermoso marco de madera no va a ayudar; si el cuadro es hermoso, tampoco querrás esconderlo de esa manera. Con el añejamiento es lo mismo: se hace bien si nos permite saborear esa materia prima, ese *terroir* de la naturaleza y la humanidad que se le imprime al licor durante su preparación.

CRECER SIN ECHARSE A PERDER

Conforme se expande la industria de las bebidas espirituosas de origen latinoamericano, es tentador generalizar que lo grande es malo. Es muy difícil conservar la autenticidad mientras se maximizan la productividad y la ganancia, y muchos de los grandes productores actuales claramente han optado por dar preferencia a la cantidad antes que a la calidad. Por otra parte, también es sencillo romantizar la pobreza asociada con los pueblitos y las producciones a pequeña escala, y mirar con recelo cualquier intento de llevar a los pequeños productores al grupo de las principales empresas.

La realidad es que hay grandes productores que hacen lo correcto, así como hay pequeños productores que no. Los buenos grandes productores generan empleo y oportunidades de negocio que benefician a muchos agricultores y destiladores pequeños, gracias a las cuales estos pueden continuar realizando su oficio como otros lo han hecho durante generaciones, al tiempo que disfrutan de los beneficios y las oportunidades que provee el comercio internacional. Tales beneficios son sumamente ventajosos, y romantizar su carencia solo sirve para que los malos productores eviten pagar a sus trabajadores lo que merecen.

El mezcal Vida, de Del Maguey, por ejemplo, tiene gran demanda a nivel mundial, pero todavía se prepara con prácticas tradicionales que ofrecen oportunidades a la comunidad oaxaqueña. "Me encanta que el hijo de nuestro productor pueda pensar de manera realista sobre lo que quiere ser cuando crezca", me dijo Misty Kalkofen. "También me encanta que su hermano ayude en la [destilería], pero ahora puede escoger, y eso es bueno". De igual manera, Tosba, un nuevo productor de mezcal en una zona lejos de Oaxaca, está comprometido con generar empleos, tan necesarios en esa región; y lo mismo se puede decir de Appleton Estate, localizado en el centro de Jamaica, región que no se beneficia de la economía turística que sustenta al resto del país. Los dueños del singani Rujero están muy conscientes de su efecto en la comunidad local; cuando los visité, me dijeron que una hectárea de vides puede sacar a toda una familia boliviana de la pobreza extrema, y su objetivo como empresa es aportar esos recursos y empleos a la comunidad.

Rogelio Martínez Cruz, mezcalero de Del Maguey, en Santa María Albarradas. Oaxaca, México.

REGULACIÓN

Por último, uno de los principales aspectos de la producción actual de estos destilados es la normativa que los protege y regula. En este libro nos referiremos a ese conjunto de leyes en general como Denominaciones de Origen o DO. Las DO se establecen para delimitar los territorios en que se produce cierto producto —territorios que son considerados esenciales en cuanto al origen o las cualidades de este, ya sea por la geografía del lugar o la cultura—, y muchas veces especifican las reglas a seguir para que este, el producto, pueda recibir su nombre legalmente. Con la protección de las DO surgen preguntas importantes respecto a la naturaleza de los derechos de propiedad y la definición cultural, tanto local como trasnacionalmente. Puede ser un arma de doble filo, con beneficios y perjuicios —que representan pérdidas y ganancias económicas— para cualquiera de las partes involucradas. El aspecto más negativo de las DO es la restricción que imponen en cuanto a la definición e identidad de un licor, estableciendo fronteras y tipificaciones espurias para su producción, privando así a otros lugares y productores tradicionales de la capacidad de dar a su bebida una denominación que podría otorgarle un valor económico y cultural más elevado, y favoreciendo con ello prácticas monopólicas en el mercado de bebidas alcohólicas doméstico y foráneo. (Muchas veces, aun para los productores dentro de una zona geográfica designada, el costo de la certificación de DO puede ser excesivamente alto). El otro lado de la moneda, sin embargo, es que las DO también cumplen la importante función de conservar el patrimonio local y proteger los productos tradicionales de la adulteración por parte de fuerzas externas que buscan beneficios económicos mediante la apropiación cultural.

Se trata de una parte fundamental en los debates actuales sobre los licores latinos pues, a diferencia de productos como el whiskey o el vodka, cuyas fronteras comerciales internacionales han sido establecidas desde hace bastante tiempo, para muchos en el mundo los licores latinos son un descubrimiento reciente, por lo que la comercialización y regulación de estos se halla en sus inicios. Ello ha hecho posible que, movidas por la avaricia corporativa, algunas compañías transgredan las prácticas antiguas de producción de estos licores, y ejerzan su poder económico para lograr que los gobiernos prohíban muchas de las "ineficiencias" que caracterizan la producción de licor tradicional y que les dan a estos su sabor distintivo y su vital *terroir* cultural. En pocas palabras, las culturas detrás de los destilados latinos, junto con las plantas y las metodologías utilizadas en su preparación, se encuentran amenazadas, con las DO o sin ellas. Si no queremos que dichas culturas y sus métodos sean explotados o se extingan, los consumidores como tú y como yo debemos adquirir consciencia y comprarlos y consumirlos de manera éticamente responsable.

La globalización no es nueva: ha existido desde que los seres humanos lograron atravesar las planicies y cruzar los mares navegando. Pero estamos en un punto en la historia de nuestra sociedad global donde la necesidad de comprendernos mejor los unos a los otros se ha vuelto dolorosamente obvia. Carecemos de solidaridad cultural, apreciación mutua y —en una palabra— unidad. Las bebidas alcohólicas pueden parecer a primera vista una extraña forma de alcanzar esas metas, pero no lo son; en tanto expresiones culturales y productos comerciales que se pueden compartir, y que son fundamentales para todas las culturas, las bebidas alcohólicas son algo que podemos ofrecer y apreciar de cada uno. Ellas nos brindan la posibilidad de pensar en nosotros como seres humanos más que como individuos; de pensar en nuestras patrias, de dónde venimos y de las tradiciones que nos forjan. A través de estos licores, destilados y cócteles podemos alcanzar una percepción más real y humana de cada uno de nosotros.

AGAVE

Arriba: Una planta de agave azul envuelve un cactus en Arandas. Jalisco, México. **Página 26:** El jimador Guillermo Padilla corta las puntiagudas pencas de un agave para la cosecha, en La Alteña. Jalisco, México.

El agave —una suculenta que comúnmente se confunde con un cactus, pero que en realidad es un pariente más cercano del espárrago— es una planta distinta por completo de casi todo lo que los seres humanos cultivan. A diferencia del azúcar y las uvas, no llegó a América con los invasores europeos, sino que estos lo encontraron a su llegada en distintas variedades esparcidas a lo largo de la Sierra Madre. El hecho de que el agave sea *de* América Latina —no trasplantado a la región— encuentra expresión en el carácter único y diverso de los destilados de agave y de las culturas que los producen.

Los destilados de agave —en específico el mezcal y el tequila— son el mejor punto de partida para *la* experiencia que significan las bebidas espirituosas de América Latina. Dentro de esta vibrante y variada familia, los destilados de agave son, sin duda, lo más cercano a la idea del "Nuevo Mundo"; en sabor y sensación, no hay otro licor que se les parezca.

Los agaves ya se cultivaban en México mucho antes de que existieran el mezcal y el tequila, y durante miles de años los pueblos mexicanos los utilizaron para múltiples propósitos. El folklor indígena mexicano recoge muchas leyendas sobre el agave (o maguey, como se le conoce en México), que expresan la excepcional utilidad —y el excepcional desafío— de la planta.

Los agaves pueden definirse justo así, desafiantes. Son plantas jurásicas en apariencia: duras, espinosas y ásperas. Crecen en una variedad de terrenos igual de dramática y diversa. Tan solo en Oaxaca, he recorrido en automóvil desde las resecas curvas zigzagueantes en las montañas desérticas de Candelaria Yegolé, en el sur, repletas de cactus, hasta los cañones selváticos poblados de un follaje tropical verde oscuro, exuberante y húmedo, que rodean el río Cajonos en el norte. En el sur, una fina tierra se deposita y cubre como una capa la ropa, y todo se siente rocoso y árido; en el norte, la humedad es tal que un traje de baño nunca termina de secarse. En ambas geografías los agaves crecen con fuerza.

El nombre de la planta carga el sello impresionante de su raíz griega, *agauos*, que significa "noble", es decir, venerable, maduro y orgulloso. Los agaves no son plantas de temporada, pero requieren muchos, muchos años —entre cinco y treinta— para madurar. Las pencas, hojas que semejan espadas y que crecen alrededor de la planta, son de punta filosa, con dientes como navajas, desplegados por todo el borde para defenderla de los depredadores. Después de la cosecha —una batalla en sí misma—, toma varios días cocer el agave, y a veces hasta varias semanas, fermentarlo. No hubiera podido concebir que alguien hubiera visto una de esas plantas espinosas y se le hubiera ocurrido deshojarla hasta llegar al centro, ni pensar en someterla a la cantidad de operaciones necesarias para extraer una bebida alcohólica de su interior.

Quienquiera que fuera, el consenso general indica que era azteca. El agave y el pulque (la bebida fermentada, parecida a la cerveza, que se hace con su néctar) eran tan esenciales en la cultura azteca que se usaba una imagen de la planta para representar a la diosa azteca de la fertilidad y la vida, Mayáhuel. La técnica para cocer el agave y fermentar sus jugos con el fin de obtener pulque se conocía en México ya desde el año 6500 a.C., y se utilizaban bebidas hechas con maguey en muchos ritos sociales: desde procedimientos homeopáticos tradicionales comunes, algunos de las cuales han subsistido hasta hoy, hasta intensas ceremonias religiosas en que las propiedades embriagadoras del alcohol mitigaban el dolor del autosacrificio o la autolaceración. (Ello se ve reflejado también en los usos medicinales que se les ha dado a los destilados de agave en tiempos más recientes: como ungüento para cortadas o picaduras, como cura para todos los males, como remedio mágico. Hay una tradición rural mexicana en que se escupe mezcal sobre una persona para liberarla del miedo o el dolor. Lo vi en una granja en Oaxaca, donde a nuestra anfitriona la acababa de morder un perro).

Entre los aztecas y otros pueblos indígenas de México, la planta del agave servía, y continúa sirviendo, para mucho más que embriagarse, uso tan familiar hoy en día. Las pencas se pueden usar para techar las casas o como combustible para el fuego. Los quiotes (el tallo de la flor del maguey, que es similar al del espárrago y puede crecer hasta la impresionante altura de 20 pies o más), una vez secos, pueden usarse como postes para las cercas, o como vigas para construir casas; los quiotes frescos se muelen con maíz para hacer tortillas. Las fibras de las pencas se recolectan para formar hebras y tejer textiles, bolsos, tapetes y material de pesca. Los dientes filosos de las hojas se han usado como alfileres y clavos, o (si se les mantiene adherida una fibra larga) como unos improvisados hilo y aguja. Incluso las raíces rechonchas y blancas de la planta se conservan para hacer escobas o fibras gruesas para trenzar. La piña o corazón del agave se puede cocer y comer como una alcachofa, usar en la preparación de jabón o (en el caso de ciertas especies) aplicar como tratamiento para la mordedura de víboras. Como concluyera certeramente Francisco Ximénez, un sacerdote español del siglo XVII, "Solo esa planta sería suficiente para proveer todo lo necesario para la vida humana". ¡No es nada extraño que se le considerara una diosa!

Corazones de agave azul cosechado que serán cocidos en hornos de ladrillo pertenecientes a Tequila Cascahuín, en El Arenal. Jalisco, México.

Fernando Rangel toma un descanso mientras descarga los agaves en la destilería de Tequila Cascahuín, en El Arenal. Jalisco, México.

En las finas bebidas espirituosas destiladas del agave encontramos el ejemplo más duradero y condensado del amalgamamiento cultural mestizo, un rayito de luz dentro de la devastación que causaron los españoles (y otras fuerzas europeas) durante la colonización de América. Los nativos desarrollaron una intensa historia de amor hacia el embriagador pulque que se extraía de la planta, y cada vez son más las fuentes que sugieren que estos también destilaban su licor desde quizá cientos de años antes de la llegada de los españoles. No obstante, los españoles llevaron consigo técnicas de destilación, que muchas veces utilizaron para subyugar a los pueblos nativos conforme avanzaba la conquista. Surgieron así nuevas bebidas espirituosas, encarnación física de la mezcla de culturas que tenía lugar por fuerza, en torno a las cuales gira gran parte de la cultura mexicana actual: el mezcal, su hermano el tequila y otros.

Muchos de estos destilados se empezaron a conocer fuera de México hace apenas unas décadas, y desde entonces la popularidad de los licores de agave ha ido en ascenso en todo el mundo, fama que intentan emular otros licores latinos. Como era de esperar, junto con ese auge ha surgido una seria controversia al entrar en contacto la red de tradiciones y métodos relacionados con el maguey y sus diversos usos con una industria de destilados de agave que crece a nivel global.

El discurso actual respecto a los destilados de agave está lleno de disputas con relación a sus orígenes y las circunstancias de estos, a quiénes son sus mejores productores y a partir de cuáles métodos, a las prácticas industriales, agrícolas y medioambientales adecuadas e inadecuadas para su producción, etc. Y la pasión que rodea a estas disputas no carece de sentido, teniendo en cuenta que, más que cualquier otra bebida en este libro, los destilados de agave, desde su surgimiento y hasta hoy, han sido elementos intrínsecos de la cultura del país que les ha dado origen, hallándose tan antigua e inextricablemente vinculados a todos los aspectos de la vida mexicana como el maguey mismo. "Ahora conocemos los destilados de México como resultado de la mezcla de culturas", ha dicho en Guadalajara Pedro Jiménez Gurría de Mezonte, una de las mentes más extraordinarias en el mundo de los destilados de agave. "Pero el hecho de que la planta *siempre* se haya considerado sagrada en México, y aún lo sea, le da a la categoría de destilados de agave un lugar especial dentro de la historia de México y su gente". Esa integración puede percibirse en todas partes en el país: desde la presencia del agave y sus productos en tradiciones artísticas y culturales, grandes y pequeñas, hasta las familias que trabajan en juntas, un equipo de hermanos y hermanas y padres e hijos, en los campos y las destilerías.

DESTILACIÓN MEXICANA PREHISPÁNICA

La historia de que los españoles introdujeron la destilación en México es la más documentada. Sin embargo, hay argumentos sólidos que indican el uso de la destilación en épocas prehispánicas, y en mis viajes recientes a México el debate sobre este tema ha sido una de las mayores controversias que he encontrado en torno a los destilados nativos del país, tanto entre maestros mezcaleros como académicos locales.

A través de excavaciones arqueológicas y estudios relacionados, los científicos han descubierto cerámicas y fragmentos de tierra quemada con rastros de agave que, en opinión de estos, aportan evidencia de que ya se destilaba varios siglos antes de nuestra era. Hoy en día se utiliza una gran variedad de alambiques en México, muy diferentes de los que llevaron los españoles consigo, y algunos de los más tradicionales se parecen a las primeras tecnologías de destilación utilizadas en otras regiones del mundo, en especial a los característicos utensilios de cocción utilizados en el Lejano Oriente, creados durante los periodos Shang y Zhou, entre 1600 y 221 a.C. Asimismo, los académicos han señalado la evidencia arqueológica del uso de estos alambiques en la costa oeste de Mesoamérica cientos de años antes de la llegada de los españoles.

Suele haber por lo general opiniones opuestas con relación a la destilación prehispánica, y ambas cuentan con argumentos sólidos. Pero la evidencia de una destilación prehispánica, ya de por sí persuasiva, seguirá creciendo conforme aumente el interés académico en el tema. David Suro, de Siembra Spirits, una de las voces más apasionadas sobre el tema dentro de la industria, me dijo, "No hemos dedicado suficiente tiempo a nuestros orígenes como cultura de destilados de agave. Realmente creo que en cinco o diez años todos estarán de acuerdo en que la destilación empezó en tiempos prehispánicos. Solo estamos esperando que surja más información".

Dicho simplemente, lo cierto es que los licores de agave crecieron a la par con la cultura mexicana, antes y después de la llegada de los españoles, e intentar separarlos de esta cultura —ya sea desde la industria, la academia o cualquier otro lugar—, es una afrenta tanto a la bebida como a la cultura.

Antes de entrar en la historia moderna y la producción de esta quintaescencia latina, una nota rápida sobre terminología.

En lo referente a los destilados de agave, la mayoría de las personas en Estados Unidos (y en muchos otros lugares fuera de México) conocieron el tequila mucho antes que el mezcal. El tequila sin duda es más popular a nivel mundial. Existen más marcas famosas, o creadas por celebridades, de esta bebida; los raperos cantan sobre ella, y es la preferida de los estudiantes universitarios y los veraneantes en los resorts. El mezcal, en cambio, además de ser menos conocido, tiene un sabor "más fuerte" para muchos paladares. A la mayoría de los consumidores que no están acostumbrados les parece que tiene la misma relación con el tequila que, digamos, el whiskey escocés de malta tiene con el bourbon. Debido a ello, los estadounidenses tienden a pensar que el mezcal se deriva del tequila, cuando en realidad es al revés. En realidad, no podemos obtener tequila sin mezcal, por lo que comenzaré con este, como me sucedió en realidad por accidente al adentrarme en los licores latinos.

Durante cientos de años, la palabra *mezcal* se ha utilizado para referirse a cualquiera de los destilados hechos a partir del corazón cocido del agave. La palabra proviene de dos palabras en la lengua indígena náhuatl, *metl* (que quiere decir agave o maguey) e *ixcalli* (de *ixca*, que significa hornear o cocer, y *-tli*, un sufijo para construir el sustantivo). Históricamente, cualquier —en serio, cualquier— destilado a partir del líquido fermentado de un agave cocido se llamaba mezcal, en ese sentido amplio. (Debido a ello, los españoles, al importar su técnica de destilación a México, se referían al pulque como *vino de mezcal*). Casi todas las zonas de México tenían su propia historia y proceso de producción de mezcal, representativo del clima local, la tierra, los agaves nativos y, lo más importante, el trasfondo cultural. El tequila —un tipo de bebida de agave destilada en una región en específico de México, a partir de una clase específica de agave— originalmente era un mezcal en el sentido más amplio de la palabra: todos los cuadrados son figuras de cuatro lados, todo el coñac es brandy y todo el tequila, bacanora, raicilla, etc. son mezcales.

Bueno... de cierta manera.

La confusión empezó en 1994, cuando —esperando repetir el éxito de que disfrutaba el tequila en el extranjero— el gobierno mexicano decidió otorgarle al mezcal su propia Denominación de Origen (DO). Esta legislación determinó los estados del país que podían producir mezcal legalmente, estableció una serie

Un labrador usa coa y mazo para cortar las duras raíces de un agave, en San Baltazar Chichicápam. Oaxaca, México.

de parámetros para su destilación y creó un cuerpo reglamentario, el Consejo Regulador del Mezcal (CRM), para asegurar que estos se cumplieran. Como sucede con cualquier restricción legal, la nueva ley limitó el significado de la palabra *mezcal* a una familia muy específica de destilados, lo que ha traído muchas complicaciones desde entonces. (Entraré en detalle más adelante).

Aunque la reglamentación de 1994 resultara un arma de doble filo, es la legislación que se encuentra en vigor, de modo que, en este libro, cuando uso la palabra *mezcal* me refiero al término en su sentido específico, un destilado de agave que proviene de uno de los estados reconocidos en la lista de Denominación de Origen del mezcal. Para referirme al "mezcal" en su sentido genérico —como la bebida destilada del líquido fermentado de un agave cocido—, usaré los términos *destilado de agave* o *licor de agave*.

HISTORIA

La evidencia documental del consumo de licores de agave en México data de casi los primeros días de la ocupación española en el siglo XVI (y me parece que incluso desde mucho antes). Resulta asombroso que estas bebidas y sus tradiciones lograran sobrevivir a lo largo de tantos siglos, pues deben haber enfrentado bastante oposición. En 1641, a comienzos de la colonización, la corona española estableció un impuesto (en la práctica, más bien una prohibición) para las exportaciones de vino en sus nuevos territorios, en un esfuerzo por prevenir que la competencia dañara a los productores españoles. Ello estimuló la producción y exportación de destilados por toda América Latina, pero también dio origen a una serie de estigmas sociales de gran impacto y duración, asociados con las nuevas bebidas, tanto en el ámbito doméstico como en el extranjero. En contraste con las bebidas "civilizadas" que se importaban de Europa para quienes pudieran costearlas —coñac, whiskey escocés y otras—, los nuevos licores de agave fueron descartados como aguardientes baratos, asociados con ignorantes e indignos, reputación que los caracterizó. Mucho después —incluso hasta hace poco—, los licores de agave se siguen asociando ampliamente con una botella amarilla barata, con o sin gusano; esta estigmatización continuó hasta entrada la década de 1990, cuando estos destilados empezaron a ser reconocidos popularmente por lo estupendos y deliciosos que son.

Sin embargo, en México se continuaron consumiendo estas bebidas espirituosas, y se preservaron las tradiciones que las rodeaban. En los primeros años de la extensa popularización de los licores de agave en el siglo XVIII, muchos los reconocieron como parte de una identidad nacional mexicana única. En lugar de ingerir los viejos licores europeos que bebían las personas más "estiradas", una gran parte de la población trabajadora del país empezó a reconocer los destilados de agave como suyos, primero incorporándolos a la idea de México como identidad cultural, y luego, tras obtener la independencia en el turbulento siglo XIX, como parte de la identidad nacional.

La fiebre del oro en California, a mediados del siglo XIX, en buena medida alimentada por el tequila del sur, cimentó originalmente la demanda mundial de bebidas de agave. A pesar de que todavía era visto como una bebida de la clase baja, el tequila se volvió universal. Cuando por fin se produjo la Revolución Mexicana, a inicios del siglo XX, y la independencia del país se consolidó, el tequila se convirtió en símbolo de México. Como expresa Tomas Estes en su libro *The Tequila Ambassador*, la importancia del destilado en este contexto no se puede sobrestimar: el periodo "fue parte de una época mexicana de gran impacto emocional y espiritual, en la que gente de distintas mezclas de sangre indígena y europea peleaban entre sí, y en el proceso ayudaban a definir su existencia y su identidad [...]. El destino de esta nación era moldeado e inspirado a partir de una bebida que se iba convirtiendo en la bebida nacional. Para quienes peleaban por una nueva vida, el tequila era el combustible perfecto. El tequila calentaba, concedía valor, quitaba el dolor y alimentaba los sueños".

Cuando la Revolución Mexicana llegaba a su fin, tuvo lugar otro acontecimiento de inmensa importancia para el consumo de alcohol a nivel mundial: fue decretada la Ley Seca en Estados Unidos. México, el vecino más cercano al sur, experimentó una explosión inmediata en su turismo de alcohol, sobre todo en Tijuana y otros pueblos fronterizos de fácil acceso. La popularidad del tequila se disparó cuando los estadounidenses empezaron a viajar a México, incluso por un día, a humedecer sus paladares con el "whiskey mexicano".

En las décadas de 1950 y 1960, el tequila se volvió más popular a nivel mundial, y a pesar de la marca de vileza que aún pendía sobre el destilado, crecieron los productores de esta bebida, dando origen a un nuevo fenómeno: la industria global del tequila. A medida que los conglomerados poderosos comenzaron a invertir millones en esta bebida, crecieron las regulaciones legales para controlar su producción y obtener ganancias de sus impuestos, empezando por la Denominación de Origen oficial del tequila, decretada en 1977, la primera en ser reconocida fuera de Europa.

El tequila pronto se volvió *el* destilado latino en el extranjero, la bebida producida al sur de la frontera de Estados Unidos más conocida en ese país y otros lugares. Hoy en día, los estadounidenses lo beben en un índice cada vez mayor: en chupitos y cócteles, envasado en botellas baratas o en costosas botellas de colección. Pronto formó parte de la cultura pop del país, gracias a los raperos y los cantantes de música country, y ha enriquecido aún más a estrellas de cine al ponerse de moda en Hollywood su producción. En Estados Unidos y el mundo, el tequila se conoce como el alcohol para las buenas fiestas *par excellence*, y generación tras generación de jóvenes y viejos cumplen el mantra de "Un tequila, dos tequilas, tres tequilas, suelo" con placer y resultados desastrosos.

La difusión global del mezcal vino después, y fue más dolorosa. Hasta la década de 1970, el destilado se producía por todo México, casi exclusivamente en destilerías pequeñas, familiares, llamadas palenques o fábricas, conectadas con las comunidades aledañas. La gente compraba mezcal de su mezcalero local cada vez que lo necesitaban, para consumir sobre todo en festivales, en fiestas, en ceremonias religiosas, etc. Entonces un grupo de personas en México de dudosa reputación tuvo una idea: ¿por qué no producir grandes cantidades de un destilado más malo y barato, pegarle el nombre de "mezcal" a la botella y venderlo a un precio más bajo? Nadie se había tomado el tiempo de especificar qué era realmente el mezcal, así que los siniestros productores pensaron que a los lugareños solo les importaría obtener más alcohol por su dinero.

Y tenían razón. Como me dijo Asís Cortés, de El Jolgorio y Casa Cortés, en esos años quebró la mayor parte de los cuatrocientos pequeños productores que operaban en Santiago Matatlán, Oaxaca, la "capital mundial del mezcal", quedando solo cuarenta, mientras la imitación barata de "mezcal" dominaba el mercado doméstico y las exportaciones. En mi recorrido con Cortés por un puñado de destilerías y granjas supervivientes, en Santiago Matatlán, pude ver algunas de las consecuencias de esa disminución de productores, desde las pequeñas destilerías tradicionales apegadas a tecnologías muy básicas que quedaban, hasta las increíblemente enormes fábricas de mezcal que intentaron desplazarlas.

En parte como respuesta a esta desenfrenada falta de escrúpulos —aunque más por el deseo de capitalizar con el auge comercial del mezcal, similar al del tequila—, el mezcal recibió su DO en 1994. Ello resultó en la regulación del mezcal que se producía, lo que abrió las puertas para que mejores productores de mezcal evangelizaran su producto fuera del país.

Los primeros años del nuevo milenio trajeron un intercambio impredecible entre los mezcaleros tradicionales y los chefs y *sommeliers* del mundo, que reconocieron en el mezcal un destilado de alta calidad por el que valía la pena pagar. Una década más tarde, Oaxaca se convirtió en un destino turístico; algunos años después, los debidos precios del mezcal comenzaron a ser aceptados localmente, a medida que un número cada vez mayor de consumidores mexicanos consume el destilado autóctono.

Hoy en día, el tequila y el mezcal son parte de enormes industrias en México. Tanto los tequileros como los mezcaleros grandes y pequeños producen sus destilados a partir de una amplia y siempre cambiante serie de reglamentaciones y regulaciones, lo mismo criticadas debido a las limitaciones que establecen para la producción de los destilados que alabadas por las protecciones que confieren. Las cuestiones legales tienen un gran peso en el mundo de los licores de agave en la actualidad, y me referiré a ellas con mayor profundidad más adelante. Por ahora, veamos el proceso de producción de estas bebidas únicas.

PRODUCCIÓN

Aventúrate hacia las zonas más rurales donde se producen hoy en día estos destilados de agave, y encontrarás un ambiente que no se diferencia mucho de la imagen romántica del hombre curtido (o cualquier hombre) que sube las colinas con un burro para cosechar un par de agaves silvestres y llevarlos a casa para cocerlos, molerlos, fermentarlos y destilarlos. En contraste con las comunidades agrícolas bien establecidas del valle de Tequila, la tierra del mezcal es rural en su mayor parte, y muchas veces poblada por comunidades pequeñas. Nunca sé qué esperar ahí. Contrario a la idea que muchos extranjeros se hacen de México como un territorio seco y uniformemente polvoso, la geografía del país es increíblemente diversa, y su territorio contiene desde desiertos, selvas y acantilados hasta bosques frondosos, altas cordilleras y exuberantes playas. Incluso las zonas más cálidas, donde florecen con frecuencia los agaves, suelen cobrar vida con los colores que el arte y la cultura mexicanos emulan: rocas minerales de un verde brillante, amarillo y morado; terrenos volcánicos profundamente negros, y la tierra roja brillante debido al óxido de hierro. Y los agaves que se encuentran en estos lugares, a menudo silvestres, son igual de diversos.

Aunque antes era común utilizar varios tipos de agave para producir tequila, ahora solo hay uno legalmente permitido: el muy eficiente *tequilana* Weber, mejor conocido como Blue Weber o agave azul. Si visitas las fincas de Jalisco, no podrás pasar por alto las filas interminables de esta planta, cultivada en extenso a lo largo de colinas y valles; incluso desde lejos, si conduces por los caminos montañosos de Arandas hacia el valle de Tequila, verás el hermoso color azul de esta planta tintando las laderas. Con el mezcal, por otra parte, se usan al menos cincuenta tipos diferentes de agave: los largos espadines; los Karwinskis, de tallos como troncos, rematados por erizadas palmeras; el cupreata, parecido al lirio de agua, con hojas achaparradas, o el gigantesco tepeztate, con pencas anchas como lenguas, que se tuercen caóticamente en todas direcciones. Muchas de estas plantas crecen en lugares de muy difícil acceso —riscos o acantilados pronunciados, por ejemplo, donde no pueden llegar los camiones—, así que deben ser cosechadas con extremo cuidado, y transportadas a mano o con animales de carga hasta el palenque, la fábrica o la destilería donde se convertirán en alcohol.

Los agaves pertenecen a la familia *agavaceae*, nativa del continente americano. Estas plantas se dan en casi todo el continente, desde Canadá y Estados Unidos hasta Bolivia y Paraguay. Existen más de doscientas especies de *agavaceae*, de las cuales casi el 80 por ciento son nativas de México. Los estados mexicanos donde se da una mayor variedad de agaves son Oaxaca, Chihuahua, Sonora, Coahuila, Durango y Jalisco, pero por algún motivo solo dos de ellos, Oaxaca y Durango, aparecen listados entre los trece estados productores de mezcal reconocidos con DO. Entre la amplia variedad de agaves empleados en la producción de mezcal, la especie más popular es *Agave angustifolia*. Esta especie cubre el área geográfica y ecológica más extensa entre las siembras de agaves, la cual abarca desde Sonora hasta Chiapas; y si nos guiamos por la clasificación científica, muchos agaves —incluyendo el espadín, que es el más utilizado para producir mezcal— forman parte de esta especie.

En México hay regiones específicas legalmente destinadas a la producción de tequila y de mezcal. Al momento de escribir este libro, entre los estados autorizados a producir mezcal se encuentran Oaxaca, Durango, Guanajuato, Guerrero, San Luis Potosí, Tamaulipas, Zacatecas, Michoacán, Puebla, Estado de México y

Cecilio Fabián lava un alambique en el palenque de Rey Campero, en Candelaria Yegolé. Oaxaca, México.

Aguascalientes. El tequila solo puede ser producido en cinco estados: Guanajuato, Michoacán, Nayarit, Tamaulipas y, el más famoso, Jalisco.

Los agaves silvestres se polinizan gracias a los insectos, las aves y, más frecuentemente, los murciélagos, cuya piel se llena de polen cuando se abalanzan a beber el néctar de las flores de esta planta, que abren de noche. Sin embargo, muchos agaves también tienen la capacidad de reproducirse asexualmente, por medio de un proceso natural de subdivisión en el que la planta madre dispara pequeños clones de sí misma. Cortar uno de estos clones —llamados hijuelos— y replantarlo es la forma más sencilla de sembrar un nuevo agave. Esta clase de propagación del agave también tiene mucho sentido desde el punto de vista de la producción de destilados. Cuando los agaves florecen y se reproducen sexualmente, como tienden a hacer cuando se les deja por su cuenta, la planta progenitora produce un quiote largo, parecido a un árbol, que extrae todos los azúcares del corazón de esta y dificulta la producción de licor. Por eso, la mayoría de los productores prefieren sembrar la planta a partir de los hijuelos, e interrumpir el proceso sexual cortando el quiote antes de que crezca por completo.

Ya sea que crezcan en la naturaleza, en cuyo caso se denominan silvestres, o se cultiven comercialmente en granjas y fincas, los agaves representan una variedad de *terroir* que pocas cosechas en el mundo pueden igualar. En general, los agaves se cultivan, ya sea en las extensas mesetas de las zonas montañosas de Tequila, o en las pendientes de Tierra Caliente, en Michoacán; si viajas por carretera en México, verás fila tras fila de estas plantas puntiagudas. Sin embargo, no todas las fincas que cultivan agave destilan bebidas de agave. Como sucede con los viticultores y los vinicultores, quienes cultivan las plantas y quienes tienen los recursos para preparar sus destilados suelen no ser los mismos, y muchas destilerías terminan comprando agave para preparar sus licores. Por supuesto, eso puede complicar severamente las cosas en cuanto al *terroir*, y ocasionar que el mercado del agave, en especial el de Jalisco, notoriamente despiadado, se rija por precios —con frecuencia dictados por grandes empresas que no tienen mucha consideración por los agricultores y los pequeños productores de otras partes— propensos a aumentos y disminuciones drásticas.

Esta complejidad en cuanto al perfil del sabor es el motivo por el que no es muy sensato esperar "consistencia" (igualdad) entre estos destilados. En tanto consumidores, hemos sido condicionados a esperar uniformidad con relación a muchos de los alimentos y bebidas que consumimos: una hamburguesa de McDonald's está diseñada para saber igual donde sea que te encuentres en el mundo,

LA MEZCLA MISTERIOSA

Si bien es cierto que el tequila debe hacerse de agave azul, esta es solo la mitad de la historia... o un poco más de la mitad. En los primeros días del *Big Tequila*, como todavía le llaman algunos tequileros, todos los tequilas se hacían únicamente con agave azul. Luego, ante la escasez de un agave u otro, algunos productores demandaron la promulgación de nuevas leyes que permitieran introducir en la mezcla un pequeño porcentaje de otras materias primas. Una vez que se abrió esa puerta, cada periodo de escasez de agave trajo nuevas peticiones para bajar el estándar cada vez más.

En la actualidad, para que se llame tequila el destilado en cuestión solo debe tener apenas un 51 por ciento de agave azul. El otro 49 por ciento puede ser, literalmente, cualquier cosa. (Es curioso, la DO del tequila, que se supone debe proteger la bebida como producto nacional, prohíbe el uso de otros agaves en las mezclas, pero permite a los productores incorporar toda una serie alucinante de ingredientes no tradicionales, incluido el jarabe de maíz hecho en Estados Unidos). Muchos de los tequilas que se consumen hoy en día están compuestos por estas mezclas misteriosas. No es de extrañar que los estudiantes universitarios se enfermen con ellos; ¡ni siquiera saben qué contiene la bebida que ingieren!

Habiendo introducido estos tequilas, haré lo que la mayoría de la gente que los prueba: no volveré a hablar de ellos. Si es tequila, debe ser de agave azul y nada más.

como sucede con muchos de los licores comerciales de grandes marcas. Pero no es razonable esperar lo mismo de los licores de agave o cualquier otro producto artesanal. El complejo sabor del agave, su periodo de crecimiento, en extremo largo, y su cosecha durante todo el año, son factores que sin duda lo vuelven aun menos predecible que, digamos, las uvas con que se produce el vino, las que nunca se espera sean idénticas de un año a otro. Añade a la ecuación lo impredecible de la fermentación y la destilación, y la consistencia empieza a parecer un requerimiento bastante ridículo. Carlos Camarena, de La Alteña, lo expresó muy bien cuando dijo, en broma: "la única constante con nosotros es la variabilidad".

TERROIR CON EL AGAVE

Hace unos diez años, se asumía que la destilación eliminaba cualquier noción de *terroir*. Ahora esa idea ha cambiado. Ninguna familia de licores expresa mejor la idea de *terroir* que los de agave, cuyos materiales básicos crecen todo el año en una inmensa variedad de condiciones que pueden sentirse y degustarse.

Considera la vasta divergencia de *terroir* entre el tequila de las regiones montañosas y el del valle. Los agaves del valle producen un destilado de sabor más fuerte, más picante y herbáceo; saben más verde. (Yo prefiero los tequilas añejos de ahí, como el Fortaleza Añejo, porque la audacia de los agaves que crecen en el valle puede romper con las notas dominantes de roble). En cambio, cuando visito las fincas de La Alteña en tierras altas, encuentro condiciones más frías y un terreno de arcilla roja, rico en hierro y potasio. Los agaves que crecen ahí suelen tener mayores niveles de minerales y acidez, lo que resulta en tequilas más ligeros e intrincados, de sabores salados y florales.

En los destilados de agave y de otros tipos debemos aprender a buscar una forma distinta de uniformidad: la constancia de la calidad. Los mejores productores de licores de agave lo saben bien, y no reniegan de las cualidades tradicionales que hacen que sus productos sean un poco más variables que otros, para bien.

El agave maduro se cosecha de diferentes maneras en dependencia de la zona geográfica, variedad que también se manifiesta en los términos usados para definir este proceso. Los productores de mezcal de Oaxaca, por ejemplo, lo llaman cortar. En el estado de Jalisco, productor de tequila, se le dice jimar, palabra que viene del náhuatl *xima*. (Curiosamente, los nahuas también utilizaban esa palabra para decir en sentido metafórico "morir", pues creían que el cabello de los espíritus de los muertos era rapado para esclavizarlos en el otro mundo). Como sucede con todos los cultivos destinados a la destilería, el objetivo es cosechar los agaves una vez que hayan alcanzado su madurez óptima, cuando están rebosantes de azúcar.

Entonces viene la batalla. La verdadera destreza del cosechador radica en saber blandir la hoja, afilada como navaja —ya sea la de un machete largo o una coa, instrumento parecido a una pala redonda—, para cosechar la piña, el corazón del agave. Es un oficio que ha pasado de generación en generación, y hasta hoy ninguna máquina puede hacerlo mejor. El segador rebana las pencas y las raíces hasta llegar a las piñas, donde se concentran todos los azúcares de las plantas. En este proceso, se cortan las pencas hasta una distancia determinada, dependiendo del tipo de agave y el sabor final deseado. En términos generales, mientras más cerca de la piña se corte, más dulce será el producto, ya que las pencas constituyen la parte fibrosa y amarga de la planta.

Ya sea que se cultiven o crezcan silvestres, los agaves son plantas muy resistentes y suelen necesitar muy poca atención en su desarrollo. Las piñas de los agaves maduros varían en tamaño, pudiendo tener desde un diámetro tan pequeño como el de una pelota de voleibol hasta el tamaño de una barrica de vino grande.

EL COSTO DE LOS AGAVES

El precio del agave está subiendo a ritmo sin precedente, llegando a costar en algunos casos hasta 27 pesos (alrededor de 1.50 dólares) por kilogramo. La gran pregunta es: ¿por qué los tequilas y mezcales en el mercado actual siguen teniendo precios accesibles que ni siquiera cubren el costo de la materia prima que se utilizó para producirlos? A un costo de 27 pesos por kilogramo de corazones de agave, producir un litro de tequila costaría casi 9 dólares solamente en agave, ¡sin incluir los costos adicionales de trabajo, empacado, transportación e impuestos!

Pocos tequilas tienen un precio que refleje estos costos, así que a alguien le está saliendo la pajilla corta. Puedo asegurar que no es a las grandes marcas, sino a los jimadores del campo. Debido a que la industria de destilados de agave es relativamente nueva, y la mayoría de los pequeños agricultores que laboran en ella no están acostumbrados a las prácticas despiadadas de los grandes negocios, estos se hallan particularmente expuestos a la explotación. Y como muchas de las grandes marcas usan su influencia para obligar a los pequeños agricultores a comprometerse a ciertos niveles de productividad y costos con antelación, si fluctúan los precios son los agricultores quienes pagan el precio. ¡Así que compra debidamente!

SUSTENTABILIDAD DE LOS DESTILADOS DE AGAVE

Aunque muchas veces se habla vagamente de "escasez de agave", el problema de la sobreexplotación no es ningún secreto en México. De hecho, últimamente ha empeorado tanto que, a finales del siglo XX, algunos productores empezaron a importar cargamentos ilegales de corazones de agave de otras partes del país. El problema se acentúa cada vez más con los agaves silvestres, cuyo valor es más alto en ciertos lugares, pero los destilados de agave no parecen perder popularidad, así que cosechar de más seguirá siendo un problema apremiante en años venideros.

Esta sobreexplotación no es la única amenaza que enfrenta la industria. Los monocultivos genéticos, resultado de la propagación por hijuelos, podrían ser un problema mucho peor. Gran parte de los agaves azules que hoy existen en Jalisco —el 95 por ciento del total de agaves que se cultiva para producir tequila— son producto de este tipo de reproducción; básicamente son muchos clones de unas cuantas plantas. Y esto podría volverse una pesadilla: la falta de biodiversidad trae consigo una estructura más uniforme de inmunidad ante las enfermedades, por lo que solo se necesitaría una cepa terrible de alguna plaga para poner en peligro a todas estas plantas.

Sabiendo que el cultivo a partir de semillas fortalece la planta y le añade variedad, algunos productores han permitido que un porcentaje de sus agaves suelte sus semillas, para reforzar la especie. Otras soluciones pasan por iniciativas como las de Bat Friendly Project, liderada por Rodrigo Medellín y David Suro, que consiste en hacer que los murciélagos policen los agaves, para que así las plantas se propaguen sexualmente y diversifiquen su carga genética. Para certificarse como Bat Friendly, un productor debe permitir que el cinco por ciento de sus agaves suelten sus semillas, lo que los inutiliza para la producción de licores, pero aporta fortaleza genética a las siguientes generaciones.

Los viveros de agave son otro nuevo método de sustentabilidad. Graciela Ángeles, de Mezcal Real Minero, es responsable de un proyecto de viveros de agave llamado Proyecto LAM, el cual trabaja en conjunto con la destilería. "Nosotros reproducimos a partir de semillas cada agave que usamos", ha dicho, "aun aquellos con los que no preparamos mezcal, para conservarlos para el futuro". Asimismo, algunos productores están replantando no solo los agaves, sino las maderas que utilizan como combustible para rostizarlos y calentar los alambiques.

Semillas de agave destinadas al vivero de Mezcal Real Minero, en Santa Catarina Minas. Oaxaca, México.

Cosechar el agave es un trabajo *duro*, del que los campesinos se enorgullecen. En Arandas, Jalisco, mientras visitaba La Alteña, conocí a tres hermanos jimadores que trabajaban juntos en el campo todos los días, eligiendo los agaves y cortándolos bajo el calor abrasador de mediodía. En Oaxaca, en un día particularmente sofocante, fui a platicar con Faustino García Vásquez, que prepara, entre otras cosas deliciosas, el maravilloso mezcal Chichicapa de Del Maguey. Se detenía por momentos para gritarles en zapoteco a los hombres en el campo, y me contó de su familia y su dedicación al agave, siendo ya varias generaciones de mezcaleros y cortadores.

Después de la cosecha, comienza la conversión de los amargos almidones del agave en azúcares que permitirán la fermentación. Ello se hace de una miríada de formas, dependiendo de qué parte de México proviene el licor en cuestión y quién lo va a cocer: puede ser en fosas en la tierra, en hornos de ladrillo tradicionales, en autoclaves (que son, en esencia, grandes ollas de presión) o en difusores. Los resultados no son los mismos, sin embargo, y los métodos que acabo de mencionar los he listado en orden de mejor a peor en términos de la capacidad de estos para crear un destilado delicioso, según mi opinión. Tratándose, como se trata, de un proceso de rostizado, es mejor que, al igual que el pavo del Día de Acción de Gracias, se rostice lentamente. No esperarías hasta las cuatro de la tarde de ese día para cortarlo en trozos y meterlos al microondas, ¿verdad? No. Te levantarías a las cuatro de la mañana y cocinarías lentamente el ave hasta que la carne se desprenda de los huesos. Así mismo sucede con los agaves.

Con la notable excepción del mezcal de San Luis Potosí —que, al igual que muchos tequilas tradicionales, se prepara en un horno calentado por vapor—, los agaves destinados para el mezcal se suelen cocer en fosas de piedra subterráneas, usando diversas maderas endémicas de la zona. Eso le aporta un toque ahumado al producto terminado, sabor que más distingue al mezcal.

En cualquier caso, un agave cocido adecuadamente es mucho más fácil de manipular que uno crudo. Libre de sus formidables púas, cortado y cocido, su textura se parece a una alcachofa inmensa; esta después se pulverizará para extraer de sus duras fibras los dulces jugos del agave o aguamiel. Esto se realiza de numerosas maneras, todas dirigidas a reducir el jugo de los agaves cocidos a una pasta dulce, similar al jarabe (mosto), a la cual pueden incorporarse o no las fibras residuales (bagazo), según el método y lugar.

PECHUGA

Desde hace mucho tiempo, el mezcal de pechuga es reverenciado como uno de los de los destilados de agave más especiales, por lo que es reservado para ocasiones especiales y fiestas. Se trata de una bebida producida en pequeñas cantidades, entre finales del otoño y principios del invierno, ya que en su preparación el mezcalero toma el valioso mezcal y lo destila a través de un proceso costoso, llenando el alambique no solo con el alcohol, sino también con frutas, hierbas y nueces de la temporada de cosecha.

Ah, y carne.

Por tradición, la segunda y tercera destilación de pechuga incorpora precisamente la pechuga de algún ave, que se cuelga dentro del alambique para que los vapores de la destilación pasen por y a través de ella, antes de condensarse. Al final, obtienes un mezcal nuevo, de gran sabor... y una bola dura y correosa de carne petrificada.

Y eso no es todo. He tomado pechugas en Mezonte, Guadalajara, hechas con carne de víbora o venado. Del Maguey incluso creó un mezcal de lujo que se produce con un jamón ibérico entero. Las posibilidades son infinitas y, créeme... ¡los resultados bien valen el esfuerzo extra! Los sabores varían en estos interesantes destilados, pero nunca he probado uno que sepa a jamón de Navidad o pavo del Día de Acción de Gracias. Tienden más bien a ser muy afrutados, a causa de lo que se añade a la destilación; dependiendo del tipo de carne empleada, a veces también pueden saber un poco a carne.

Por suerte para nosotros, muchas marcas ya exportan su propia producción de pechuga, aunque la mayoría usa aves y no otras cosas raras. En lo particular, me gusta la pechuga de Tosba y Del Maguey.

MÉTODOS DE COCCIÓN

FOSA DE PIEDRA O DE TIERRA. Popular en la producción de muchos mezcales, este método de cocción es lo que tiende a darle al mezcal su característico olor ahumado. Se cava un hoyo profundo en la tierra y se delimita con piedras, se construye un fuego lento en el interior y se permite que queme para crear carbón y calentar las piedras, se acomodan las piñas de agave en capas, se cubren con tierra y bagazo, y se cocinan por tres, cinco, treinta días o hasta más días.

HORNO DE PIEDRA. Aunque se le conoce como una técnica para la producción de tequila, este método es también popular en la producción de otros destilados de agave. En él, las piñas de agave se meten a un horno de ladrillo, piedra o barro, que no está enterrado, y se cocinan con el vapor condensado por un tiempo que varía desde un día y medio hasta cuatro días.

AUTOCLAVE. Básicamente, una autoclave para agaves es una olla de presión del tamaño de un camión de cinco ejes. Funciona de la misma manera que una olla exprés: sellas todo en el interior y produces presión con vapor y calor para cocinar todo de manera rápida. Algunos prefieren las autoclaves —por ejemplo, los productores del Calle 23, de Sophie Decobecq— por su precisión, y porque no le imprimen sabores adicionales al agave.

DIFUSOR. Alabado por algunos como la herramienta más eficiente para extraer los azúcares de los agaves, el difusor de alta tecnología suele verse con recelo en el mundo de los entusiastas del agave. En este proceso, el agave crudo se corta en pedazos del tamaño de un pulgar, y estos se guardan dentro del difusor cerrado, donde son lavados a presión con agua caliente (y, a veces, químicos) para extraer los almidones de la planta. Este procedimiento no cocina el jugo lo suficiente para convertir los almidones en azúcar por completo, por lo que este, el jugo debe hervirse junto con las fibras antes de pasar a la fermentación. El uso de difusores no solo es controversial por apartarse de los métodos tradicionales —un difusor hace en dos horas lo que le toma a un horno días—, sino también porque con ellos se pueden utilizar agaves inmaduros o cortados inadecuadamente, lo que tiene consecuencias en la manera en que se siembran y cosechan estas plantas.

Trabajadores en Real Minero sacan los agaves del horno de tierra después de días de cocción, en Santa Catarina Minas. Oaxaca, México.

Mulas aplastan, en una tahona tradicional, los agaves rostizados para Tequila Siete Leguas, en Atotonilco el Alto. Jalisco, México.

Uno de los procedimientos más tradicionales es la pulverización de los agaves, la cual se puede realizar a mano, usando (no es broma) garrotes y hachas, o en un molino giratorio. En la producción de tequila, la rueda del molino se conoce como tahona, pero en la de mezcal al conjunto del hoyo y la rueda se le llama molino —en ambos casos, esta última suele ser de piedra o de cemento—. La piedra se fija a un pilar, colocado en medio del molino, mediante un brazo rotatorio que permite que la rueda gire hacia el interior desde el borde externo del hoyo. Para usar este molino, se colocan fibras de agave en el hoyo, se amarra un caballo, un burro, una vaca o un tractor (si puedes costearlo) a la rueda, y se le imprime movimiento a esta dando vueltas alrededor en pequeños círculos, al tiempo que se mueven continuamente los residuos abajo de la rueda hasta que —*voilà!*—, unas (quizás muchas) horas después, las fibras están totalmente aplastadas y el caballo, mula, vaca o chofer del tractor, aburridísimo. En mi primer viaje a Oaxaca, en 2005, me impresionó este proceso: el humo que salía del horno abierto que se encontraba cerca, la mula dando vueltas y aplastando los agaves, el arriero caminando en silencio a su lado, la quietud hipnótica de la escena. Hipnótico es la palabra; es muy fácil perder la noción del tiempo cuando lo miras. Para mí, fue amor a primera vista.

En la actualidad, este proceso de prensado se suele realizar con un molino de rodillos automatizado, aunque se trate de un proceso mucho menos romántico. Este tipo de molinos es mucho más popular, no solo porque requiere menos esfuerzo humano —o animal—; sino también porque la extracción del jugo útil del agave se realiza de un modo más eficiente. (Un litro de tequila, por ejemplo, se produce con cinco kilogramos de agave pasado por un molino de rodillos, ¡mientras que se necesitan diez kilogramos de agave prensado en tahona para obtener la misma cantidad!).

Una vez que las fibras de agave se deshebran y aplastan con minuciosidad, se agrega agua al mosto para llevar los azúcares al nivel adecuado y se separa o mezcla el bagazo, y estamos listos para la fermentación.

La fermentación ocurre en toneles, llamados tinas, que pueden ser literalmente de cualquier material. En la actualidad se suele emplear tanques de acero inoxidable, pero también se han usado (y se siguen utilizando), con mucho éxito, tanques de madera, troncos huecos, ollas de barro, hoyos en la tierra e incluso sacos o bolsas de piel de animal. (En México se dice *Hasta las manitas* para señalar que alguien está muy borracho. La frase la escuché mientras sorbía un mezcal particularmente original, dulce y fermentado en cuero, producido por una fábrica jalisciense, y al parecer se originó en los días en que los destilados se fermentaban en bolsas de piel de cerdo: una persona había bebido mucho alcohol cuando se lo había bebido todo, *hasta las manitas*, es decir, hasta las patas del cerdo, que eran los bordes o extremos de la bolsa de cuero).

Algunos productores añaden agua a las tinas de fermentación inmediatamente, pero otros esperan a que la fermentación adquiera fuerza. La forma tradicional de lograrlo es permitir que las levaduras naturales que existen en el aire, únicas de la zona, empiecen la fermentación, pero algunos productores prefieren incorporar su propia levadura (natural o sintética) para controlar el proceso más de cerca. La fermentación puede durar unos cuantos días o unas semanas, dependiendo del clima y las condiciones medioambientales, y el producto resultante es una especie de cerveza de bajo contenido alcohólico.

Si detienes el proceso ahí, necesitarías tomar una gran cantidad de este líquido para empezar a sentir que le hablas a los dioses —y para algunos la bebida misma se lo impediría—. El pulque, una cerveza fermentada de agave, es un gusto adquirido. Puede tener una textura mucosa, parecida al jugo de aloe, pero es muy popular y la gente lo ama. Lo que más me gusta de manejar por las carreteras de Jalisco, en el valle de Tequila, son los pequeños puestos que venden pulque en jarras de plástico.

Debido a que la producción de bebidas de agave es una práctica tan antigua, el alcohol de esta planta se destila usando diferentes métodos y alambiques, que en el caso de estos últimos pueden ser de cobre, de madera o de barro, o incluso los poco convencionales alambiques de columna. En ocasiones se conserva el bagazo durante el proceso de destilación por cuestiones de sabor, pero lo más frecuente es desecharlo porque es muy molesto limpiar el alambique. Los destilados de agave suelen procesarse dos veces —esto es obligatorio, por ley, en el caso del mezcal y el tequila—, pero algunos productores se detienen en la primera destilación. El primer destilado, llamado ordinario, suele producir un alcohol de 37 grados. (A veces más: en la zona entre Jalisco y Michoacán se producen mezcales de una sola destilación que salen con un impresionante ¡46 por ciento! de graduación alcohólica). Una segunda destilación lo llevará a un 55 por ciento de alcohol. Luego se coloca en botellas o barricas.

EL AÑEJAMIENTO DE LOS DESTILADOS DE AGAVE

BLANCO O PLATA. Destilado sin añejar. Estas bebidas deben embotellarse en un plazo máximo de sesenta días después de su destilación.

REPOSADO. Destilado que se añeja en roble por al menos dos meses.

AÑEJO. Destilado que se añeja en roble por al menos un año.

EXTRA AÑEJO. Destilado que se añeja por tres años como mínimo en barricas no mayores de seiscientos litros.

ORO. Es un destilado por lo general no añejado (contrario a lo que su apariencia indica), que obtiene su color a partir de aditivos y que probablemente es mixto. El término *joven* se usa con el mismo significado en los tequilas. (En los mezcales, en cambio, designa los no añejos... que son en su mayoría los buenos mezcales).

En el caso de los destilados de agave, las reglas se aplican en una sola dirección. Es decir, no puedo llamar a un tequila de nueve meses Añejo, pero puedo llamar Reposado a un destilado de dos años. Es algo extraño en el mundo de los licores, pero divertido... que permite a algunos productores más atrevidos mandar a la mierda a un sistema que impone demasiadas reglas. Un buen ejemplo de ello es el Siembra Azul Suro Reposado, cuyos Extra Añejos son, en muchos casos, destilados mixtos denominados "reposados".

Existe una última categoría de tequilas, que encuentro particularmente ridícula y que menciono aquí solo para desestimarla: el llamado tequila cristalino, que ha aparecido en las tiendas últimamente. El tequila *cristalino* se hace al añejar el tequila y luego filtrarlo con carbón para eliminar el color y el sabor que le dan el proceso de añejamiento, ¡para volverlo claro otra vez! ¿Qué? ¿Por qué tomarse la molestia de hacer un añejo y luego desperdiciar todo ese tiempo y dinero para revertirlo a un blanco (que tenga menos sabor)?

Campos de agave al atardecer, en Santo Domingo de Albarradas. Oaxaca, México.

CUESTIONES LEGALES

Lo vergonzoso es que la DO debería proteger la
calidad, la tradición y a la gente que lo prepara.
Pero no es así.

—MISTY KALKOFEN, DEL MAGUEY

Como dije antes, muchos licores de América Latina apenas empiezan a reconocerse en el mundo, y conforme aumente ese reconocimiento y crezca a la par su demanda en el mercado mundial, surgirán leyes dentro de los países productores para regular su producción y consumo. Inevitablemente, las leyes crean problemas, sobre todo cuando se usan para regular tradiciones (como las de los destilados de agave) que datan de cientos de años o más.

Como comprobé tantas veces en mis viajes, es imposible hablar de los destilados de agave hoy sin mencionar sus leyes y regulaciones, y la compleja relación que tienen los productores con ellas. En mis viajes por México he discutido estos temas en cada parada, lo mismo en un almuerzo con activistas del agave y antropólogos culturales en Tequila Cascahuín que en noches de borrachera con mezcal en palenques polvosos con familias de mezcaleros. En México, las leyes de los destilados de agave, si bien son relativamente recientes, están en boca de todos.

El tequila fue el destilado latino pionero en términos de industrialización. Por tanto, para bien o para mal, sus regulaciones han establecido el modelo que todos los demás destilados de agave han seguido, incluyendo el mezcal, por lo que tiene sentido hablar de estas leyes primero.

El aumento en la calidad del tequila y su actual incremento en popularidad se dieron en gran medida debido a estos estrictos estándares reguladores. Hoy en día, el Consejo Regulador del Tequila (CRT) supervisa la DO del tequila, establecida en 1974. Encargado de mantener los estándares, la imagen y, quizá lo más importante, las ventas del tequila, el CRT trabaja duro para tener todo en orden... y lo hace *todos los días*. Así es: *cada día*, un miembro del CRT verifica *cada una de las etapas* en la producción de tequila, *en cada uno de los lugares* donde se realiza de manera oficial. Por ello, el tequila es uno de los destilados más regulados en el mundo actualmente.

ENSAMBLES: EL REGRESO
DEL MEZCAL ORIGINAL

Los agaves que se emplean para destilados varían a lo largo de México
(¡y más allá de sus fronteras!), y hoy en día muchos productores de
mezcal anuncian en la etiqueta del producto con qué tipo de agave en
particular lo produjeron. Los mezcales hechos con un único agave son algo
relativamente reciente, y es probable que la moda empezara a imitación de
los destilados "de una sola materia prima" que se producen en otras partes.
El mezcal original, digamos, era otra cosa.

En el principio, cuando todos los agaves eran silvestres y las escalas de
producción eran mucho más reducidas, el mezcal (e incluso el tequila)
se producía a partir de una mezcla de los agaves maduros que hubiera
en la región en el momento en que el mezcalero los necesitaba. Estos
mezcales *ensamble*, como se les conoce ahora, crean perfiles de sabor
interesantes y cambiantes.

En la actualidad se siguen produciendo ensambles, aunque no con tanta
frecuencia como los mezcales producidos a partir de un solo agave.
Los mezcaleros los aprovechan para crear destilados más complejos,
que combinen las cualidades de los diferentes agaves. Por lo general,
para producir un ensamble se rostizan las piñas de distintos agaves y se
fermentan juntas, pero en algunos casos se destilan aparte varios mezcales
extraídos de un solo agave, y luego se mezclan. De cualquier manera, como
en los casos del pisco peruano de estilo acholado y una serie de mezclas
de rones, se trata de un proceso que es todo un arte, y algunos de los
mezcales más finos que hay son ensambles. ¡Otro motivo para dejar
de lado nuestras expectativas de igualdad y simplicidad con estas bebidas!

El principal propósito de toda esta supervisión es asegurar que los productores y embotelladores se adhieran a las reglas recogidas dentro de la Norma Oficial Mexicana (NOM). Esta contiene muchas pautas, pero una de sus consecuencias —que sirve de guía a los consumidores a través de al menos uno de los pasos a la hora de elegir un buen tequila— es que, por ley, toda botella de tequila debe mostrar el logo del CRT y una cifra de cuatro dígitos de la NOM. Esta designación de la NOM indica en qué destilería se produjo el licor, y también ayuda a determinar qué otras bebidas se producen en esa destilería. Y dalo por cierto: si un tequila malo o de sabor dudoso se hace en una destilería donde también se preparan tequilas de otras marcas, estos tendrán similares características, no importa qué tan costosos o populares sean.

Aunque ya hace tiempo que la reglamentación legal forma parte de la tradición tequilera, de ninguna manera los beneficios de estas reglas han sido uniformes. Sí, convirtieron al tequila en un producto protegido y de gran importancia cultural en México, pero también limitaron demasiado esta categoría en algunas áreas, ampliándola demasiado en otras. Las leyes de DO del tequila muchas veces han sido dictadas a solicitud de productores individuales con buenas conexiones, y para el beneficio de estos, y ciertas leyes —la decisión de permitir el uso de difusores en la producción de tequila, por ejemplo— han sido fuertemente criticadas por sacrificar la integridad tradicional del destilado en un esfuerzo por llenar los bolsillos de unos cuantos.

> Los cambios que hemos tenido que hacer en nuestros mezcales, y que rompen con nuestras tradiciones, se deben a las leyes del CRM; si no los hacemos, no podemos embotellar y vender. Lo que las leyes nos dan es una etiqueta que mostrarle a la gente que no nos conoce, para demostrar que somos auténticos. Pero lo que nos quitan, por lo general, es nuestra autenticidad. Si no hay tradición, no hay mezcal.
>
> —VICENTE SÁNCHEZ PARADA, REY CAMPERO

Cuando se le otorgó la DO al mezcal, en 1994, las regiones de producción, los métodos de preparación y los tipos de agave legalmente asociados con esta bebida sufrieron una drástica reducción, lo cual trajo resultados tanto positivos como negativos. Del lado positivo, dejó de ser fácil que los productores de dudosa reputación pasaran cualquier viejo destilado como mezcal, y algunos de los lugares menos conocidos donde este destilado se producía tradicionalmente recibieron al fin la debida atención.

Pero la DO del mezcal también excluyó a *muchas* personas. En muchos estados que habían producido mezcal durante siglos se prohibió llamar por ese nombre a sus bebidas, siendo despojados de esa manera de una parte muy importante de su legado cultural. Asimismo, el mezcal, una vasta y variada familia de destilados de agave, quedó confinado a una serie de parámetros cada vez más problemáticos para los productores con el paso del tiempo. Hoy en día, el debate legal sobre la definición de mezcal es muy acalorado, e involucra cuestiones que van desde el origen de esta bebida hasta su esencia. Todo esto está siendo evaluado por el Consejo Regulador de Mezcal (CRM), una organización fundada en 1997 para lidiar exclusivamente con los destilados de agave producidos en los estados autorizados por la DO a utilizar el nombre de "mezcal". Si suena familiar, es porque lo es. En objetivos y metodología, el CRM es una copia calca del cuerpo regulador del tequila, el CRT. El mezcal, sin embargo, es una bebida *mucho* más difícil de definir que el tequila, y la controversia que rodea su regulación legal ha alcanzado grandes proporciones desde un principio.

En tiempos recientes, casi toda la gente que toma destilados piensa que el mezcal es una bebida ahumada, muy probablemente producida en algún lugar de Oaxaca, México, con agave espadín. Esta descripción resume de forma acertada la mayor parte del mercado del mezcal, a pesar de que este proviene actualmente de muchos otros estados y se hace con docenas de agaves diferentes. El territorio de Oaxaca es el más rico y diverso de México, y existen más agaves nativos de esta región que de todo el resto del país: el 95 por ciento de los mezcales son de Oaxaca, y la concentración más alta de destilerías registradas de mezcal también se encuentra ahí. Si visitas algunas de ellas, encontrarás el tipo de escena característica de cualquier lugar donde la economía se basa en la agricultura: filas y filas de agaves cultivados, la mayoría de la variedad espadín, extendiéndose sobre las colinas en todas direcciones, hasta donde tus ojos pueden ver. Luce, en pocas palabras, un poco como el valle de Tequila, lo que tiene sentido teniendo en cuenta que el aumento de la popularidad del mezcal se ha comportado de manera similar a la del tequila.

Alambiques de olla, en las tierras tropicales de Mezcal Tosba, en Cajonos-Villa Alta. Oaxaca, México.

LA HERENCIA CULTURAL EN EL NOMBRE DE LOS AGAVES

Pudiera creerse que la forma más precisa de clasificar los agaves es como lo haría un biólogo: por familia, género y especie. Para efectos generales, es así. Pero ni siquiera ese sistema, supuestamente objetivo, se encuentra libre de problemas, sobre todo cuando se emplea en una nueva industria como la del mezcal, en la que el intento de simplificar un producto para su regulación legal y su consumo global puede ir en contra de la conservación de su herencia cultural.

Tratar de resumir esa relevancia cultural, aun en términos de lenguaje, puede ser muy difícil en México. Téngase en cuenta que, nada más en Oaxaca, se hablan dieciséis lenguas, cada una con múltiples dialectos. Cuando visitamos Rey Campero, en Candelaria Yegolé, Oaxaca, encontramos descendientes mestizos de españoles, que hablaban español. Cuando visitamos Santo Domingo de Albarradas, a solo dos horas de distancia, todos eran descendientes de nativos y hablaban zapoteca. En ambos palenques empleaban diferentes términos para casi todo, e incluso en varias comunidades zapotecas aledañas encontramos frases distintas para expresiones muy comunes. Por ejemplo, el brindis tradicional zapoteco —que es una expresión de gratitud existencial más que de alegría— podía variar desde el conocido *dixeebe* (la "x" se pronuncia como "sh") hasta *stigibeu* o *stigibua'alu*.

Los nombres de los agaves no varían menos. Los agaves papalome de Puebla se llaman tobalá en Oaxaca; el que llaman largo en Santa Catarina Minas, Oaxaca, es tobasiche a unos cuantos pueblos de distancia. A menudo, el nombre de los agaves proviene de su color (como es el caso del agave azul), y esta práctica no ayuda a resolver la confusión de cuál es cuál. En algunos pueblos llaman a distintos agaves cenizo o amarillo, pese a que lo único que tienen en común esas plantas es el hecho de que son genéticamente agaves y sus pencas poseen cierta tonalidad.

En esas circunstancias, la nomenclatura del CRM, que por necesidad intenta reducir los nombres a una sola terminología, puede constituir un acto de "blanqueamiento" cultural hacia quienes se ven obligados a elegir entre su idioma y su forma de vida. Cuando visité el vivero de Graciela Ángeles, de Mezcal Real Minero, en Santa Catarina Minas, ella lo resumió sucintamente: "Cuando un pueblo pierde su idioma, pierde su cultura. Eso es lo que el CRM ha hecho en muchos casos: llevarse nuestras palabras. Se requiere riqueza lingüística para que exista diversidad cultural, pero cuando todos hablamos las mismas palabras y usamos la misma ropa, ¿qué importancia cultural puede tener el mundo ya? Si el mezcal pierde esta clase de esencia cultural, dejará de existir".

En la actualidad vemos más mezcales producidos en los otros estados reconocidos con DO, y con la creciente popularidad del mezcal a nivel mundial es probable que la lista de regiones siga creciendo. Al igual que otros aspectos de la DO del mezcal, la expansión de las regiones productoras de esta bebida reconocidas engendra toda clase de complicaciones: no menos importante es el hecho de que, conforme el mezcal se vuelve más redituable, cada vez son más las personas que se dedican a este negocio teniendo poca o ninguna experiencia con las prácticas tradicionales de producción de esta bebida. Aun dentro de algunos estados reconocidos por la DO del mezcal, solo en ciertos *pueblos* existe una tradición de producción de mezcal; otros, atraídos por la promesa de una pronta ganancia, se suben al barco rápidamente.

No he querido decir que no hay nuevos productores que estén haciendo bien las cosas. Los primos Elisandro González Molina y Edgar González Ramírez, de Mezcal Tosba, trabajan por pura pasión y han aprendido laboriosamente las tradiciones de la producción oaxaqueña de mezcal. Ellos han empezado su propio palenque en las colinas de la Sierra Norte, e intentan incorporar técnicas ancestrales de otras áreas a su proceso, usando materiales que cultivan o adquieren de fuentes locales. Cuando los visité, comimos alimentos cazados y cosechados en su tierra; incluso habían construido a mano su hermosa destilería y finca. En lugar de limitarse a su propia historia personal, se han inspirado en las tradiciones de otros y las incorporan con gran respeto, que es la manera correcta de hacerlo.

LOS OTROS: SOTOL, COMITECO, BACANORA Y RAICILLA

Está claro que conocemos el tequila y el mezcal, pero hay un mundo de destilados mexicanos, ya sea a base de agave o no, con o sin reconocimiento legal, que ameritarían un libro ellos solos. Entre los destilados mexicanos que no son de agave se encuentran los aguardientes de caña de azúcar y algunos *eaux de vie* interesantes, hechos con frutas tropicales como, por ejemplo, el mango. De los destilados de agave, a veces parece que todas las regiones de México tienen uno diferente, cada uno con su propia historia y nomenclatura: barranca, tuxca, quitupan, sikua... y la lista sigue. (Y esto es solo en México; los venezolanos, por ejemplo, tienen su propio destilado de agave, ¡el cucuy!).

Uno de los destilados mexicanos más populares últimamente se produce a partir de una planta que no se encuentra dentro de la familia del agave, pero, pese a ello, con frecuencia recibe el nombre de mezcal. El nombre de este jugo delicioso es *sotol*, y proviene de la planta de donde se extrae, la que también se conoce como cuchara del desierto o *Dasylirion* y es pariente cercana de los arbustos perennes más que del agave. No obstante, visualmente las dos plantas son muy similares, y por mucho tiempo el sotol fue considerado erróneamente un agave, hasta que las pruebas de ADN pudieron decirnos que, de hecho, solo son similares en apariencia. Se ha reportado el descubrimiento de restos arqueológicos de hornos del sotol en la zona de Paquimé, en Casa Grandes, los que posiblemente daten del primer siglo después de Cristo, por lo que constituyen una fuente importante para sustentar la hipótesis de la destilación prehispánica. Sea o no cierto, la destilación de sotol era extensa entre los colonos españoles a mediados del siglo XVI, y la bebida se ha utilizado en ceremonias religiosas y como remedio medicinal entre los pueblos indígenas durante siglos.

Otro interesante destilado mexicano es el *comiteco*, una bebida de agave muy poco conocida, que se hace al sur del estado de Chiapas, a partir de una variedad de maguey de igual nombre. Los pobladores indígenas de la zona, el pueblo tojolabal, primero bebían el jugo de agave fermentado del que después destilaban el comiteco, y lo curioso de su producción es la forma en que obtenían el jugo. A diferencia de otros destilados de agave que hemos comentado, en el caso del comiteco el agave no se rostiza antes de la fermentación. El aguamiel del agave se extrae haciendo cortes profundos en las pencas y la piña, y agitando las incisiones todos los días para producir el dulce jugo, hasta secar el agave.

El *bacanora* es un destilado de agave *Angustifolia* menos conocido, proveniente del norte del estado mexicano de Sonora. Inicialmente, el bacanora era un pulque hecho por el pueblo indígena ópata, en el desierto sonorense, y como todos los demás destilados mexicanos ha ganado y perdido popularidad y peso dentro de México. Actualmente, es difícil encontrarlo fuera de México, aunque tiene su propia DO, pero es fantástico para preparar cócteles, si puedes conseguir una botella.

La *raicilla*, un destilado de agave que se produce en el estado de Jalisco, se ha visto eclipsada por el tremendo éxito del destilado más famoso de la región, el tequila. Además del agave azul, en Jalisco crece una inmensa variedad de especies de agave —de hecho, es el segundo estado, después de Oaxaca, en cuanto a diversidad de especies—, lo que, junto a la falta de restricciones para la preparación, y la diversidad del *terroir* en los lugares donde se produce, otorga a la raicilla una gran variedad de sabores. Los productores de raicilla están luchando por obtener su propia DO y, como siempre, hay argumentos a favor y en contra. Uno de los más contundentes en contra de otorgar la DO a esta bebida es que corrompería el destilado, al generalizar lo que es: otorgar el nombre "raicilla" a cualquier destilado del estado de Jalisco, por ejemplo, extendería la región productora más allá de las zonas costeras donde tradicionalmente se produce. Ya ha pasado antes con la controvertida DO del mezcal, y muchas personas ven la DO propuesta para la raicilla como señal de una tendencia preocupante de dilución cultural.

Zulema Arias y Pedro Jiménez Gurría, dentro de la meca de destilación de agave que es la mezcalería Mezonte, en Guadalajara. Jalisco, México.

El otro lado de la moneda, claro está, es que muchos pueblos *sí* tienen una tradición de elaboración de mezcal, y quieren protegerla. "La DO es una de las cosas más importantes que tiene el mezcal hoy", dice Rómulo Sánchez Parada, de la productora de mezcal Rey Campero. "Pero esa añadidura de nuevos estados que se está dando tiene más que ver con intereses políticos y económicos que con su historia y relevancia cultural. Sí, algunas zonas de estos estados tienen antecedentes de producción, pero es raro que se trate de todo el estado".

Delimitar muchos métodos y materiales de producción a una sola definición legal no es menos problemático. Incluso la terminología utilizada para los agaves puede variar ampliamente de un pueblo a otro, o de un palenque o fábrica a otra. La variedad es parte de la tradición en la práctica de la elaboración de mezcal, y para muchos los intentos del CRM de limitarla y regularla atenta contra la cultura. "La única ventaja que otorga la DO a los mezcaleros es el derecho de poner la palabra *mezcal* en sus etiquetas", dice Pedro Jiménez Gurría, de Mezonte. "Pero es un derecho que debieron haber adquirido simplemente por ser productores de mezcal, mucho antes de la creación de la DO. No deberían tener que pelear por ese elemento cultural, ni tener que pagar su suscripción al CRM. Ya era suyo".

Hace poco se desató un debate particularmente desagradable sobre el mezcal, respecto a la propuesta de la NOM 199, una ley muy repudiada, bajo la cual cualquier destilado de agave que no entre en las definiciones de DO debe llamarse *komil*, una palabra supuestamente tomada del náhuatl, pero cuya autenticidad cuestionan muchos académicos, que significa bebida embriagante, sin distinción, como la palabra *alcohol*. Básicamente, esta ley establecía que si eras un destilador que no vivía en el lugar correcto ni tenía dinero suficiente, no estabas autorizado a llamar "mezcal" a tu bebida… o siquiera a poner las palabras *agave* o *maguey* en tu botella. Por supuesto, la legislación enfrentó gran resistencia (además de acusaciones de corrupción), y en 2016 la propuesta reemplazó la palabra *komil* con la frase *aguardiente de agave*, que al menos incorpora la palabra *agave*, aunque sigue siendo en detrimento de todos los que no pueden registrar su producto como mezcal debido a restricciones geográficas o falta de recursos financieros. En tiempos recientes, sin embargo, este término ha sido adoptado anárquicamente.

En la actualidad, cada vez son más los productores que, para eludir las regulaciones legales, optan por llamar simplemente *destilados de agave* a sus bebidas. Este término legislativo relativamente nuevo está permitiendo que algunos destilados antes desconocidos fuera de sus pueblos de origen puedan venderse legalmente en otras partes de México y en el extranjero.

Algunos productores pugnan porque esa sea la única designación legal dentro de la familia de destilados de agave, lo que implicaría despedirse del tequila y el mezcal, y de sus regulaciones excesivas, y decirle hola a... bueno... lo que tú quieras. Me parece que hay un punto válido en eso. El término *destilados de agave* parece ser lo suficientemente neutral como para incluir cualquier bebida de agave, además de acabar con la pelea respecto a la nomenclatura, y permitir que una mayor diversidad de productores mexicanos comercialice sus productos y se ahorre las cuotas legales. Además, protege contra la dilución cultural que han sufrido el tequila y el mezcal. Como me dijo David Suro: "hemos hecho tan buen trabajo dañando las categorías de tequila y mezcal, que hoy en día los *destilados de agave* tienen más prestigio".

Pero el término también presenta un inconveniente: abre potencialmente el mercado a las imitaciones. Dado que la frase *destilados de agave* no está protegida, cualquier persona podría destilar agaves de la manera que prefiera y vender su producto como tal, como ocurrió con el mezcal antes de que el término estuviera regulado legalmente.

Durante el debate entre la denominación *komil* y *destilado de agave*, el cual tuvo lugar a principios de 2017, surgió otra gran pelea en torno a la aprobación de la NOM 70. Esta ley, que fue aprobada sin mucho ruido y permanece vigente al momento de escribir estas páginas, establece los métodos para elaborar mezcal, a partir de una nueva serie de categorizaciones que los productores deben imprimir en sus etiquetas. Tal vez esto no suene tan mal, pero ha traído algunas consecuencias serias. Uno de sus efectos más desafortunados en la industria ha sido que, al clasificar el difusor como uno de los métodos legítimos para producir mezcal, permite a los grandes productores producir jugos desangelados, casi sin sabor, y venderlos con el mismo nombre que esa deliciosa y robusta bebida que la gente lleva siglos produciendo.

De modo que, ante huecos legales como este, ¿cómo podrían asegurarse los consumidores de mezcal de que están adquiriendo un buen producto? La clave está en educarnos sobre qué significa la información impresa en las etiquetas. Las restricciones actuales de DO establecen que el mezcal tiene que ser etiquetado en una de tres categorías, que de modo general podemos listar desde el más rico hasta el más pobre en *terroir* agrícola y cultural: *mezcal ancestral*, *mezcal artesanal* o simplemente *mezcal*.

Muchos fanáticos del mezcal probablemente definirían el *mezcal ancestral* como lo mejor. Sin embargo, hay excepciones. Conozco algunos productores de *mezcal artesanal* que trabajan de manera industrial con docenas de alambiques filipinos de barro al mismo tiempo, que producen miles de litros al año. ¿Es consistente con el requerimiento legal de un "alambique de olla de barro"? Claro. ¿Es consistente con la visión romántica que la mayoría de nosotros pagamos cuando compramos un *mezcal ancestral*? Para nada... y enfurece a los puritanos que se confundan ambos. (Puedo comprenderlo; los alambiques tradicionales de olla que he visto, orgullo de gente como la de Santa Catarina Minas, son esculturas dignas de contemplación).

EL MITO DEL GUSANO

En los primeros años, la opinión que por lo general tenían los gringos era, "¡Ah, mezcal! ¡Esa cosa con el gusano!". Por fortuna, en el siglo XXI el conocimiento popular se ha ampliado, y estamos conscientes de que el destilado es mucho más que eso. Pero... ¿qué hay del gusano?

Ese gusano, a decir verdad, es la larva de una especie de polilla (y, a veces, de una especie de mariposa o de gorgojo) que ataca los agaves. Nadie sabe realmente dónde comenzó la tradición de agregar insectos a las botellas de mezcal, y las historias varían, desde asociarlo con una loca estrategia de marketing hasta decir que el gusano tiene propiedades afrodisiacas o que simplemente fue un error que hubo que asumir para poder vender el producto.

En cualquier caso, con toda seguridad, si quieres beber algo bueno no deberías tomar un mezcal que tenga un insecto en su interior. (Y, ya que estamos en ello, beber mezcal no te hace alucinar, con o sin gusano. La *mescalina*, que definitivamente te hará alucinar, es otra cosa por completo).

Una cosa más. El término *ancestral* solo aplica a las tradiciones ancestrales de ciertos estados productores de mezcal. De hecho, en realidad aplica nada más a Oaxaca. Y, de nueva cuenta, una vez creada la categoría, mucha gente que nunca usó alambiques de barro, ni aprendió a utilizarlos adecuadamente, lo ha estado haciendo, provocando la inevitable dilución de la categoría.

Siendo una definición tan inclusiva, el *mezcal artesanal* es la categoría que posiblemente defina casi todos los mezcales que hayas (espero) visto o probado. Y, claro, es bueno para los productores que no sea demasiado difícil obtener ese estatus. Pero la definición de *mezcal artesanal* es *tan* amplia que muchas personas (entre quienes me incluyo) piensan que debería haber otra categoría entre esta y el ancestral para distinguir, digamos, los verdaderos métodos "artesanales" de otros que no existían antes del siglo XX. (¿Triturador mecánico le suena a alguien?).

La que sí decepciona es la última y menos significativa de las categorías: la que, irónicamente, terminó teniendo el nombre de *mezcal*. Lo más seguro es que los consumidores no enterados que escuchan hablar de mezcal y se animan a probarlo se decidan a comprar la primer (y, posiblemente, más barata) botella que encuentren que diga "Mezcal" en la etiqueta. Por desgracia, ahora que los destilados hechos con difusor se pueden etiquetar como mezcal, y que los productores de mezcal pueden cocinar los jugos del agave en lugar de la planta, es muy probable que lo que obtengas al comprar esa clase de producto *no* sea (para decirlo lo más amablemente posible) auténtico. Este método "eficiente" de elaboración de destilados ya pasó factura a la tradición tequilera; sería muy triste que terminara pasando lo mismo con el mezcal.

CATEGORÍAS ACTUALES PARA EL ETIQUETADO DE MEZCALES Y SU SIGNIFICADO

MEZCAL ANCESTRAL. Los corazones de agave se rostizan en un horno de piedra subterráneo; se muelen a mano, con un molino de piedra o con un molino chileno o egipcio; se fermentan en contenedores de piedra, tierra, madera o barro, o en pieles de animales, junto con las fibras del agave, y se destilan (de nueva cuenta, con las fibras) sobre fuego directo, en un alambique de olla de barro.

MEZCAL ARTESANAL. Los corazones de agave se rostizan en un horno de piedra subterráneo o en un horno de ladrillos en exteriores; se muelen a mano, con un molino de piedra, un molino chileno o egipcio, o un triturador; se fermentan en contenedores de piedra, tierra, madera o barro, o en pieles de animales, junto con las fibras, y se destila (también con las fibras) sobre fuego directo, en un alambique de cobre o barro.

MEZCAL. Los corazones de agave, o su jugo, se cocinan en hornos de piedra subterráneos, hornos exteriores de ladrillo o autoclaves; los corazones se deben moler a mano, con un molino de piedra, un molino chileno o egipcio, un triturador industrial o un molino continuo, o procesar con un difusor; el mosto se fermenta en tinas de madera, concreto o acero inoxidable, y se destila en un alambique de olla o de columna.

MARGARITA

1½ onzas del tequila de tu elección

¾ de onza de Cointreau

¾ de onza de jugo de limón verde

¼ de onza de jarabe natural (página 248)

1 rodaja de limón verde, para decorar

Sal, para decorar

Si bien muchos, muchos cócteles con tequila merecen la misma consideración que la margarita, podemos agradecer a este clásico latinoamericano la inclusión del agave en el mapa de la coctelería tradicional. Y bien que lo ha hecho: la margarita es una de las bebidas más populares de todos los tiempos, y se sirve en todas partes del mundo.

Desafortunadamente, como sucede con todo lo popular, la pueden destrozar con facilidad. (¡Sí, hablo de ti, el *sour mix* y el tequila barato!). Algunos cantineros incluso añaden una cantidad demencial de alcohol a sus margaritas, hasta tres onzas completas de un destilado de 40 por ciento de alcohol. Yo preparo la mía con menos potencia y más equilibrio porque, en lo personal, me gusta tomar varias de una sentada... ¡Son deliciosas! Si la preparas bien, la margarita ofrece una armonía perfecta entre el agave, el jugo de limón y el *triple sec* (y, en lo que respecta a este último, me parece que no hay ningún sustituto para el Cointreau).

Coloca el tequila, el Cointreau, el jugo de limón y el jarabe natural en una coctelera con hielo. Con la rodaja de limón, moja el borde de un vaso bajo y rueda solo la mitad sobre sal, para decorar. Agita la coctelera y vierte el líquido en un vaso, sobre hielo. Adorna con la rodaja de limón.

HAIL MARY

1 onza de tequila blanco Siete Leguas

¾ de onza de Salers Apéritif

½ onza de jugo de limón amarillo

½ onza de jarabe de frambuesa (receta abajo)

¼ de onza de Crème de Pêche Giffard

1 gota de amargo de naranja Regans

2 onzas de vino espumoso rosado De Nit Raventós i Blanc

Cáscara de pomelo, para decorar

Si tienes oportunidad, debes ir a la nueva destilería de Siete Leguas, en Jalisco, cuya arquitectura parece un altar de iglesia. Los vitrales de las ventanas bañan el espacio con un destello cálido, mientras los caballos rodean lánguidamente las tahonas y los bellos alambiques de cobre reflejan la luz. Es casi una catedral, un museo de arte y una destilería tradicional, todo en uno. Absolutamente deslumbrante.

Esta bebida, para mí, debe disfrutarse en un lugar así. Me encantan las burbujas, y amo improvisar bebidas con vino espumoso. Existen muchas: probablemente la más conocida sea French 75, a la cual rindo homenaje aquí. Esta bebida se basa en el tequila blanco de Siete Leguas, con sus intensos sabores frutales. Decidí añadir un toque agridulce con el Salers Apéritif para contrarrestar los sabores afrutados dulces y poder vincularla con el vino espumoso, dándole así un tono más seco.

Coloca todos los ingredientes, menos el vino espumoso y la cáscara de pomelo, en una coctelera con hielo. Agita y vierte con cuidado el líquido en una copa de champaña baja. Sirve el vino espumoso al final. Acomoda la cáscara de pomelo sobre la bebida, dejándola colgar por el borde de la copa.

JARABE DE FRAMBUESA

1 taza de frambuesas

1 taza de agua

2 tazas de azúcar granulado

RINDE 1 CUARTO DE GALÓN • Licua los ingredientes a alta velocidad, hasta que se integren bien. Pasa el jarabe por un colador chino para eliminar los sólidos, y guárdalo en un contenedor hermético. Puedes conservarlo en refrigeración hasta por 2 semanas.

PALOMA

2 onzas del tequila
de tu elección

¾ de onza de jugo de
limón verde

¾ de onza de jugo
de pomelo

¾ de onza de jarabe
natural (página 248)

1 rodaja de limón verde,
para decorar

Sal, para decorar

1 onza de agua mineral
carbonatada

1 rebanada de pomelo
cortada a la mitad,
para decorar

Tradicionalmente, este clásico mexicano se hace con soda de pomelo; en particular, Squirt. (A mí también me gusta tomarlo con Ting jamaiquino, cuyo sabor es ácido). Pero como la frescura es clave en Leyenda, allí lo hacemos de forma natural, con jugos recién exprimidos. Es una bebida que en verdad cobra vida. Pruébala con mezcal, o con una infusión de tequila y jalapeño... ¡sabe bien con casi cualquier cosa!

Coloca el tequila, ambos jugos y el jarabe natural en una coctelera con hielo. Moja el borde de un vaso Collins con la rodaja de limón, y pásalo sobre la sal para decorarlo. Agita la coctelera y vierte el líquido en el vaso, sobre hielo. Termina con el agua mineral. Decora con el limón y la rebanada de pomelo.

CABEZAZO

1 onza de whiskey irlandés
Jameson Black Barrel

¾ de onza de mezcal Vida
Del Maguey

¾ de onza de Lillet
Apéritif rosado

¾ de onza de vermut
blanco Martini & Rossi

1 cucharadita de licor de
flor de saúco St. Germain

3 gotas de Hellfire habanero
Bittermens

3 gotas de amargo de mole
Bittermens

Cáscara de limón amarillo,
para decorar

En un infame viaje a Oaxaca, en una cierta cantina, estábamos jugando dados en un rincón cuando un hombre se acercó a la barra, pidió un trago y, al recibirlo, le dio un cabezazo al joven cantinero. Dejó ahí la bebida y se fue. La música ni siquiera se detuvo, y nadie pareció darse cuenta o darle importancia... fuera del cantinero, que tenía la nariz ensangrentada. Esta bebida es un tributo a esa extraña noche.

Coloca todos los ingredientes, excepto la cáscara de limón, en una jarra mezcladora con hielo. Revuelve y vierte el líquido en una copa Nick & Nora. Exprime los aceites de la cáscara de limón sobre la copa y déjala flotar en la bebida.

TÍA MÍA

1 onza de mezcal Chichicapa
Del Maguey

1 onza de ron
Appleton Reserva

½ onza de curasao
Pierre Ferrand

¾ de onza de jugo de
limón verde

½ onza de jarabe de
almendras tostadas
T'Orgeat de Orgeat Works

1 ramita de menta,
para decorar

1 rodaja de limón verde,
para decorar

1 orquídea comestible,
para decorar (opcional)

Como me encanta el mezcal, hubo una época en la que intenté ponerle esta bebida a cualquier trago. Este fue el primer cóctel que incluí en uno de los menús de Julie Reiner, cuando trabajé en Lani Kai, en 2010. Sigue siendo un clásico en el menú de Leyenda.

Empecé por añadir una onza de mezcal encima de mi Mai Tai (página 151), y luego reemplacé el ron agrícola vibrante que usábamos en nuestra receta por mezcal ahumado e igualmente vibrante. El resultado fue Tía Mía, cuyo nombre es un anagrama de su homónimo (el Mai Tai) y un homenaje a mi amiga Catherine, mi *tía del alma* (es decir, cercana, pero no consanguínea), clienta asidua del bar donde trabajé en Guatemala.

Vierte el mezcal, el ron, el curasao, el jugo de limón y el jarabe de almendras en una coctelera con hielo. Agita brevemente y vierte el líquido sobre hielo picado o triturado, en un vaso bajo de boca ancha. Por tradición, decoramos esta bebida en Leyenda con una ramita de menta, una rodaja de limón y una orquídea comestible, para darle una nota divertida, pero si no puedes conseguir la orquídea, ¡no te preocupes! Solo la incluimos para añadir un toque hermoso al cóctel.

GHOST COAST

1 onza de tequila
reposado Tromba

½ onza de tequila
blanco Tapatío 110

½ onza de Crème de
Banane Giffard

¼ de onza de tintura de
eucalipto (receta abajo)

¾ de onza de jugo de
limón amarillo

½ onza de jarabe de miel
de abeja (página 248)

¼ de onza de jarabe de arce

2 gotas de amargo
de Angostura

1 hoja de eucalipto,
para decorar

1 rebanada frita de plátano,
para decorar

Jesse Harris creó este clásico de Leyenda como homenaje
a su hogar, en la costa de California, donde los árboles de
eucalipto circundan las playas. El tequila reposado se mezcla
con el tequila blanco, de mayor graduación alcohólica,
dándole a la bebida una columna vertebral capaz de
sostener los fuertes sabores que contiene. Es uno de mis
tragos favoritos.

**Coloca todos los ingredientes, excepto la hoja de eucalipto y
el plátano, en una coctelera con hielo. Agita y vierte el cóctel
en un vaso bajo con hielo. Decora con la hoja de eucalipto y la
fritura de plátano ensartada con un palillo.**

TINTURA DE EUCALIPTO

2 onzas (de peso) de hojas de
eucalipto, lavadas

9 onzas de agua

9 onzas de Spirytus
Rektyfikowany Polmos, o algún
alcohol puro

RINDE 20 ONZAS • Mezcla el eucalipto y el alcohol en un
contenedor con capacidad para un cuarto de galón. Déjalo
reposar tapado, a temperatura ambiente, por 36 horas.
Cuela, añade el agua y embotella la tintura. Guárdala en el
refrigerador por tiempo indefinido.

CAPATAZ

1¼ onzas de mezcal
Vida Del Maguey

1¼ onzas de jerez Fino
César Florido

¾ de onza de jerez Moscatel
César Florido

¼ de onza de Suze

1 cucharadita de Crème
de Banane Giffard

1 cáscara de limón verde,
para decorar

5-6 rocíos de mezcal Santo
Domingo de Albarradas Del
Maguey

Tom Macy, uno de mis socios en Leyenda, creó esta bebida. Se inspiró en el mezcal Santo Domingo de Albarradas, de la destilería Del Maguey, un destilado fuerte y ligeramente amargo, con notas florales y terrosas. El cóctel de Tom es parecido a un Manhattan, con una mezcla de jerez en lugar de vermut, mezcal Vida como piedra angular, un toque amargo de Suze y licor de plátano para un tono afrutado.

Coloca todos los ingredientes, excepto la cáscara de limón y el mezcal Santo Domingo de Albarradas, en una jarra mezcladora con hielo. Revuelve y vierte el cóctel en un vaso bajo con un cubo de hielo grande. Exprime encima los aceites de la cáscara de limón, y acomoda esta entre el vaso y el hielo. Con un atomizador, rocía el mezcal Santo Domingo de Albarradas encima, para aromatizar.

¡BOLA BOLA!

¾ de onza de raicilla
Tepe Mezonte

¾ de onza de ron Plantation
Barbados de 5 años

½ onza de jerez
Amontillado Lustau

¼ de licor Ancho Reyes

¾ de onza de jugo de
limón amarillo

½ onza de jarabe
de almendras tostadas
T'Orgeat de Orgeat
Works

½ cucharadita de
sazonador Tajín

1 rodaja de limón amarillo,
para decorar

Pocos de entre mis bares favoritos en el mundo se comparan con Pare de Sufrir, en Guadalajara, México, propiedad del especialista en agaves Pedro Jiménez Gurría. Cuando entras, te topas con la juventud hípster mexicana, bailando y bebiendo cerveza y una selección de increíbles destilados nacionales, sobre todo de Jalisco, estado al que pertenece Guadalajara. Además de las bebidas, lo mejor de este bar es la bola de discoteca (*disco ball*) que cuelga en medio del lugar, y que gira, no teniendo motor que la haga girar, solo se mueve cuando los ocupados cantineros la sacuden con un palo de escoba. Siempre que deja de girar —cosa que sucede varias veces durante la noche—, se escuchan gritos de "¡Bola! ¡Bola!".

Esta bebida se basa en un destilado de agave particularmente excelente, hecho por una hermética población indígena que habita las montañas que dividen Jalisco y Durango. Su sabor inusual, con notas únicas de manzana, nueces y vinagre blanco, es extremadamente placentero, y debería consumirse tal cual. En honor de Pare de Sufrir, decidí mezclarlo... solo por esta vez.

Coloca todos los ingredientes, excepto el sazonador Tajín y la rodaja de limón, en una coctelera con hielo. Agita y vierte el contenido en un vaso alto con hielo. Cubre la mitad de la rodaja de limón con el Tajín, y acomódala sobre el hielo.

WITCHING HOUR

1½ onzas de sotol
Por Siempre

¾ de onza de licor de
tamarindo Von Humboldt

¼ de onza de vermut blanco
de Chambéry Dolin

¼ de onza de jarabe
de almendras tostadas
T'Orgeat de Orgeat Works

¼ de onza de jugo de
limón amarillo

3 gotas de Orchard Street
Celery Shrub Bittermens

1 hoja de apio, para decorar

El sabor agresivo e inusual del sotol puede ser aún más difícil de combinar que el mezcal, y por lo general su mezcla adecuada requiere de más manipulación por parte del cantinero. La cantinera principal de Leyenda, Shannon Ponche, se arriesgó al crear este delicioso cóctel, combatiendo las notas vegetales del sotol, parecidas a las del espárrago, con un poco de licor de tamarindo en esta delicia salada.

Coloca todos los ingredientes, excepto la hoja de apio, en una jarra mezcladora con hielo. Revuelve y vierte el contenido en un vaso bajo con un cubo grande de hielo. Decora con la hoja de apio flotando sobre el hielo.

SINKING STONE

1¼ onzas de mezcal
de espadín Koch

½ onza de ron jamaiquino
Plantation

½ onza de vermut
blanco Atxa

½ onza de Cynar

¼ de onza de ron de
piña Plantation

1 cáscara de naranja,
para decorar

En el mundo de la coctelería, con frecuencia las bebidas imitan otras bebidas que imitan otras bebidas... y esta es una adaptación de una adaptación del Negroni. Me gustan las notas de mezquite de alta graduación alcohólica en este particular mezcal de espadín, y quería subrayar su ligero amargor y toques frutales. Elegí una mezcla de rones y un vermut español para lograrlo. Este trago extraño, terroso y amargo, resalta las diferentes notas frutales y la dulzura del complejo mezcal utilizado en su preparación.

Coloca todos los ingredientes, excepto la cáscara de naranja, en una jarra mezcladora con hielo. Revuelve y vierte el contenido en un vaso bajo con un cubo de hielo grande. Exprime los aceites de la cáscara de naranja sobre el vaso, y acomódala encima.

PERENNIAL MILLENNIAL

¼ de onza de tequila blanco El Tesoro

¼ de onza de Fraise des Bois Deniset-Klainguer

½ onza de Chartreuse amarillo

¼ de onza de jarabe de vainilla (página 248)

¾ de onza de jarabe de ruibarbo (receta abajo)

¾ de onza de jugo de limón amarillo

½ cucharadita de Campari

2 gotas de tintura salina (página 249)

1 laja de pepino, para decorar

1 gota de tintura de cardamomo (página 249)

Jesse Harris creó este hermoso cóctel en Leyenda. El tequila Siete Leguas posee notas dulces y terrosas que hacen destacar el ruibarbo y la vainilla, mientras que el Chartreuse lo aligera, y el cardamomo le devuelve su acidez. Requiere un poco de preparación por el jarabe de ruibarbo, ¡pero el resultado lo vale!

Coloca todos los ingredientes, excepto la laja de pepino y la tintura de cardamomo, en una coctelera con hielo. Enrosca la laja de pepino dentro de un vaso Pilsner o un vaso Collins grande, y añade hielo triturado o picado. Sirve el cóctel y añade encima la tintura de cardamomo para aromatizar.

JARABE DE RUIBARBO

½ libra de ruibarbo, cortado en cubos de 1 pulgada

½ libra de fresas, limpias y sin tallo

Ralladura y jugo de 1 naranja pequeña (rinde ½ taza de jugo de naranja)

Ralladura de 1 limón amarillo

1 taza de azúcar extrafino

1 cucharada de extracto de vainilla

RINDE 1 CUARTO DE GALÓN • Coloca todos los ingredientes en una olla, revuelve y permite que hierva por 20 minutos a fuego lento. Retira la olla del fuego y permite que se enfríe. Muele todo con una licuadora de inmersión, y vierte la tintura en un contenedor hermético. Guárdala en el refrigerador hasta por 4 semanas.

PALO NEGRO

2 onzas de tequila
reposado Partida

1 onza de jerez Palo
Cortado Lustau

½ onza de ron Black
Strap Cruzan

1 cucharadita de jarabe
de azúcar demerara
(página 247)

1 cucharadita de
Grand Marnier

1 cáscara de naranja,
para decorar

Esta es una bebida fabulosa, rica y compleja, para beber lentamente en otoño o invierno; una celebración del tequila añejo y el fuerte jerez. Creé este cóctel en conmemoración de una noche particularmente fría que pasé en el valle de Tequila, en la que no paramos de beber reposado "para mantenernos calientes". Las notas de pimienta negra en el tequila Partida cortan el dulce sabor a nuez del jerez, y el ron Black Strap sirve de vínculo entre ellos. ¿Quién dijo que el tequila era solo para el verano?

Coloca todos los ingredientes, excepto la cáscara de naranja, en una jarra mezcladora con hielo. Revuelve y vierte en una copa Nick & Nora. Exprime los aceites de la cáscara de naranja sobre la copa, y deja que esta flote en el interior.

SOUTH FENCE

4 rebanadas de pepino

¾ de onza de mezcal espadín El Jolgorio

¾ de onza de infusión de tequila blanco Siembra Valles y jalapeño (página 246)

¾ de onza de jerez Amontillado Lustau

¾ de onza de jugo de limón verde

½ onza de jarabe de agave (página 247)

1 gota de Orchard Street Celery Shrub Bittermens

1 onza de agua mineral carbonatada

1 ramita de menta, para decorar

El nombre hace referencia al infame muro que el cuadragésimo quinto presidente de Estados Unidos estaba tan ansioso por construir. Tomé el cóctel sureño clásico (preparado con ginebra, menta molida y pepino), y le di un giro, usando un poco de jerez para darle otro matiz a la bebida y unir el mezcal con el pepino y el jalapeño.

Muele 3 rebanadas de pepino en una coctelera. Agrega los demás ingredientes a la coctelera con hielo, excepto la rebanada sobrante de pepino, el agua mineral y la menta. Agita y vierte con cuidado en un vaso alto con hielo. Termina con el agua mineral y la rebanada de pepino, atravesada en el medio por la ramita de menta, como decoración.

SAY ANYTHING

1 onza de infusión de tequila blanco Siembra Valles y jalapeño (página 246)

½ onza de Silver Cachaça Novo Fogo

½ onza de Aperol

1 onza de jarabe de sandía (receta abajo)

¾ de onza de jugo de limón verde

5-7 hojas de menta

1 rodaja de limón verde, para decorar

Sal, para decorar

Quería preparar el homenaje perfecto a la comedia romántica en una bebida: un poco dulce, un poco amargo y PICANTE. La inspiración para Say Anything, perfecto para disfrutar lentamente en el verano, me vino cuando estaba haciendo una degustación del nuevo menú con el personal de Leyenda. Cuando estaba imitando el inmortal momento en que John Cusack, en la película cuyo nombre lleva este trago, sostiene una grabadora sobre su cabeza, de pronto me di cuenta de que ninguno de los empleados jóvenes tenía idea de lo que estaba hablando. ¡Ay, la juventud!

Vierte todos los ingredientes, excepto 1 hoja de menta, la rodaja de limón y la sal, en una coctelera con hielo. Humedece el borde de una copa champañera baja con la rodaja de limón, y pásalo por la sal para cubrirlo. Agita la coctelera y vierte despacio el contenido en la copa. Decora con la hoja de menta —aplástala primero para exprimir sus aceites—, dejándola flotar encima.

JARABE DE SANDÍA

2 tazas de sandía, cortada en cubos y sin semillas

¾ de taza de azúcar extrafino

RINDE 2 TAZAS • Licua la sandía para obtener aproximadamente 12 onzas de jugo. Añade el azúcar y licua de nuevo hasta que se disuelva por completo. Transfiere el jarabe a un contenedor hermético. Refrigera hasta por 2 semanas.

CEREZA PICANTE

1 onza de infusión de tequila blanco Arette y jalapeño (página 246)

¾ de onza de licor de cereza Heering

½ onza de mezcal espadín Rey Campero

¾ de onza de jugo de limón verde

¼ de onza de jarabe natural (página 248)

¼ de limón verde, para decorar

1 cereza marrasquino Luxardo, para decorar

Cuando viajo desde el valle de Tequila hacia las montañas, me gusta parar y comprar dulces para acompañar el ocasional taco, pulque o trago de tequila. Mi dulces favoritos, si puedo encontrarlos, son esas paletas de cereza con chile que venden los niños en el camino, acompañando a sus padres, que venden pulque. Preparé este cóctel para recordar esas extrañas golosinas ácidas ¡y tener cerca a Tequila cuando me encuentro lejos!

Coloca todos los ingredientes, excepto el cuarto de limón y la cereza, en una coctelera con hielo. Agita y vierte en un vaso bajo con hielo. Decora con el limón y la cereza ensartados en un palillo.

FÍJATE

¾ de onza de mezcal de pechuga Tosba

¾ de onza de Neversink Spirits Apple Brandy

½ onza de infusión de bacanora blanco Rancho Tepúa e higo (receta abajo)

½ cucharadita de licor Monk's Secret Vicario, más 4 rocíos para decorar

2 gotas de tintura salina (página 249)

1 gota de amargo Peychaud's

¼ de higo, para decorar

Los mezcales de pechuga son tan rebosantes y llenos de vida, que prácticamente piden ser un cóctel... aunque muchas veces su costo lo prohíba. En esta ocasión me quise dar el gusto y crear un cóctel que jugaba con sus sabores únicos a carne y fruta. La pechuga de Tosba está hecha con pechuga de pavo colgada encima de la destilación junto a manzanas silvestres y piñas, todas cultivadas en la hermosa propiedad de la destilería, en las montañas nubosas al norte de Oaxaca. El aperitivo de manzana actúa como un vino fortificado en la bebida, y el licor Monk's, con un fantástico sabor a incienso de iglesia, refuerza el ligero toque ahumado del mezcal. Ten en mente: esta receta requiere una infusión más prolongada, ¡así que prepárala con tiempo!

Coloca todos los ingredientes, excepto el higo, en una jarra mezcladora con hielo, y revuelve. Vierte el contenido en un vaso bajo, sobre un cubo grande de hielo. Decora con el higo y rocía encima cuatro veces, con un atomizador, licor Monk's Secret Vicario.

INFUSIÓN DE BACANORA BLANCO RANCHO TEPÚA E HIGO

5 higos medianos   750 mililitros de bacanora blanco Rancho Tepúa

RINDE 750 MILILITROS • Rebana los higos y acomódalos en una pequeña sartén sobre fuego medio, hasta que se doren (de 5 a 8 minutos). Permite que se enfríen ligeramente. Muele los higos en un contenedor para alimentos, y agrega el bacanora. Déjalo reposar 8 horas, moviendo ocasionalmente. Pasa la infusión por un colador chino para eliminar los sólidos, y embotéllala. Puedes guardarla en refrigeración indefinidamente.

ARINATO

1½ onzas de Mezcal
Joven Ilegal

¾ de onza de Lillet
Apéritif blanco

½ onzas de vermut
seco Dolin

¼ de onza de
Chartreuse amarillo

½ cucharadita de licor
marrasquino Luxardo

2 gotas de amargo
Peychaud's

1 cáscara de pomelo,
para decorar

El mezcal puede ser una bestia, y cuando empezó a ganar popularidad en Estados Unidos ese era parte de su atractivo. (¡Tanto ahumado! ¡Tanto sabor!). Sin embargo, al preparar una bebida, a veces demasiado es demasiado, y si usas un mezcal como base y no como modificador fácilmente puede apagar los demás sabores. Concebí el Arinato como un trago para beber despacio, revolviendo ligeramente, y celebrar así el lado más delicado de lo que muchos consideran un destilado brutal. El mezcal que uso es Joven Ilegal, que tiene un graduación alcohólica de 80. Combinado con vinos fortificados florales, crea una bebida para catar, capaz de demostrar qué tan elegante puede ser el mezcal.

Coloca todos los ingredientes, excepto la cáscara de pomelo, en una jarra mezcladora con hielo y revuelve. Vierte el contenido en un vaso bajo con un cubo grande de hielo. Exprime la cáscara de pomelo sobre la bebida, y luego colócala encima del hielo.

POINT HIGHER

¾ de onza de tequila
reposado El Tesoro

¼ de onza de Caribbean
Pineapple Giffard

½ onza de jarabe de
serrano (receta abajo)

½ onza de jugo
de zanahoria

¾ de onza de jugo de
limón amarillo

1 rodaja de limón amarillo,
para decorar

En una visita a la destilería La Alteña años atrás, fuimos a comer a mi lugar favorito especializado en carnitas, Carnitas Jaimes. (¡Es una parada OBLIGATORIA si pasas por las tierras altas de Jalisco! No solo la comida es de otro nivel, los mariachis te dan serenata mientras comes y bebes). La bebida preferida, por supuesto, es tequila, que marida maravillosamente con el cerdo y los chiles y zanahorias encurtidos. Concebí este trago mientras nos atracábamos de carnitas y bebíamos tequilas de toda la región. Cuando volví a Brooklyn, creé este cóctel, añadiendo solo un toque de licor de piña a la receta para extraer un poco de la dulzura del agave.

Coloca todos los ingredientes, excepto la rodaja de limón, en una coctelera con hielo. Agita y vierte el contenido en una copa champañera baja. Decora con la rodaja de limón flotando.

JARABE DE SERRANO

4 chiles serranos (de preferencia
rojos o naranjas)

2 onzas de agua

4 onzas de néctar de agave

RINDE 8 ONZAS • Con un extractor de jugos, procesa los chiles serranos para obtener 2 onzas aproximadamente. Asegúrate de usar guantes cuando los cortes, y lava los cuchillos y la superficie de inmediato. Agrega el agua y el néctar al jugo de chile serrano. Revuelve para integrar, cuélalo finamente y embotéllalo. Puedes guardarlo en refrigeración hasta por 2 semanas.

AS SHE SO TOLD

¾ de onza de sotol
Clande lote 2

¾ de onza de tequila
reposado Fortaleza

½ onza de Verjus
Wölffer Estate

½ onza de vermut
seco Lo-Fi

¼ de onza de brandy
Clear Creek Douglas Fir

¼ de onza de jarabe
de manzanilla

1 gota de tintura salina
(página 249)

Todavía no he visitado las destilerías de sotol en Chihuahua; solo he bordeado ese estado mexicano cuando he viajado por el sur de Texas (y miro sedienta hacia la frontera). Por suerte, el fundador de Clande, Ricardo Pico, es un pozo de sabiduría y siempre está feliz de compartir cualquier botella de plástico que traiga consigo, educándome junto a otros en esta bebida inusual, de tonos de moho y menta. En este trago quise destacar la riqueza frutal y el raro sabor a pino de ese destilado, que me recuerda las noches en la frontera, queriendo salir y explorar.

Coloca todos los ingredientes en una jarra mezcladora con hielo, y revuelve. Vierte sobre un cubo grande de hielo en un vaso bajo.

'LIL SMOKEY

½ limón verde,
cortado en cuartos

5 hojas de salvia

¾ de onza de jarabe
de piña (página 248)

1½ onzas de Mezcal
Joven Ilegal

½ onza de Silver
Cachaça Novo Fogo

½ onza de jugo de
limón verde

1 trozo de piña asado,
para decorar

Este trago fue creado por la increíblemente talentosa Shannon Ponche, una autoridad sin igual en cuanto a bebidas saladas, de lo que este cóctel refrescante y herbal es un ejemplo. Es una variación de la Caipiriña (página 150), que incorpora un poco de mezcal para darle complejidad, pero evita ahogar los demás sabores con el sabor ahumado.

En una coctelera, muele los cuartos de limón y 3 hojas de salvia con el jarabe de piña. Agrega los licores, el jugo de limón y hielo. Agita fuerte y vierte todo el contenido directamente en un vaso bajo. Decora con la piña asada y las otras 2 hojas de salvia ensartadas con un palillo. (Si no deseas asar la piña, ¡está bien! Pero se ve muy bien).

BIG KARWINSKI

1 onza de tequila reposado Siembra Azul

½ onza de mezcal Madre Cuishe Rey Campero

½ onza de kalvah de mole negro (receta abajo)

¼ de onza de Caffè Amaro J. Rieger & Co.

Crema ligeramente batida, para decorar

Cocoa en polvo, para decorar

Cuando visité a la gente fantástica de Rey Campero, en Candelaria Yegolé, Oaxaca, nos dio por correr por entre los surcos de agave madrecuixe, al atardecer, mientras gritábamos "¡Karwinski!". (Esta familia de agaves, que pareciera creada por el Dr. Seuss, a la que pertenece el madrecuixe, crece con un tallo parecido al de la piña o la palmera; no es difícil distinguir sus siluetas contra el horizonte). Me gustaría decir que sucedió antes de que empezáramos a beber, pero en realidad nunca estuvimos sin beber en ese viaje por el árido sur de Oaxaca.

Este cóctel es un *riff* del Ruso Blanco, y su nombre, sí, hace referencia a *Big Lebowski*. Los sabores pretenden extraer las ligeras notas de chocolate y fruta que se esconden tras el verde amaderado y vegetal del mezcal Madre Cuishe.

Coloca todos los ingredientes, excepto la crema batida y la cocoa en polvo, en una jarra mezcladora con hielo. Revuelve y vierte en un vaso bajo con más hielo. Agrega la crema batida encima. Espolvorea la cocoa en polvo.

KALVAH DE MOLE NEGRO

5 onzas de pasta de mole negro

750 mililitros de licor de café Kahlúa

RINDE 1 CUARTO DE GALÓN • Licúa el mole negro y el Kahlúa hasta integrar por completo. Pásalo a un contenedor hermético. Guárdalo en el refrigerador por tiempo indefinido.

DOUBLE SALUTE

1¼ onzas de bourbon
Michter's

¾ de onza de Mezcal
Joven Ilegal

¾ de onza de jugo de
limón amarillo

¾ de onza de curcaña
(receta abajo)

½ onza de licor de
chabacano Luxardo

½ onza de vino tinto
(yo sugiero *grenache*)

Pimienta negra recién
molida, para decorar

Alisha Neverson creó esta rica bebida para Leyenda. El bourbon actúa como un firme lienzo para sostener el ligero humo del mezcal, que a su vez encuentra un impulso en la cúrcuma. El licor de chabacano que usamos aquí es bastante amargo, y combina muy bien con el vino tinto y la pimienta.

Coloca todos los ingredientes, excepto el vino y la pimienta negra, en una coctelera con hielo. Agita y vierte en un vaso bajo, sobre un cubo de hielo grande. Con suavidad, sirve el vino tinto sobre la bebida, y termina espolvoreando un poco de pimienta negra encima.

CURCAÑA

2 cucharaditas de cúrcuma en
polvo

1 taza de agua

2 tazas de azúcar de caña

RINDE 2 TAZAS • Agrega la cúrcuma al agua y hiérvela a fuego alto. Incorpora el azúcar y baja la flama a fuego medio, revolviendo hasta que se disuelva. Retira del fuego, deja enfriar y embotella. Guárdala refrigerada hasta por un mes.

ALTEÑA VIEJA

1 onza de tequila añejo
El Tesoro

½ onza de whiskey de
centeno Knob Creek

¼ de onza de infusión de
tequila blanco Tapatío 110
y macis (receta abajo)

¼ de onza de jerez
Moscatel Lustau

½ cucharadita de jarabe
de canela (página 247)

1 gota de amargo
de naranja Regans

Cáscara de limón amarillo,
para decorar

Cáscara de naranja,
para decorar

He visitado la destilería La Alteña muchas veces, desde aquel viaje épico a Tequila Ocho —que se produce ahí—, con el cofundador de esta marca Tomas Estes. Aunque Tomas es extranjero, oriundo de Estados Unidos y ahora residente en Londres, se unió a la multigeneracional familia Camarena en La Alteña para crear su tequila. En ese primer viaje, pude ver los distintivos de la destilería y, lo más importante, su dedicación a la familia y la tradición. Los Camarena dan empleo, en su destilería y campos de agave, a generaciones enteras de varias familias, y algunos se quedan allí toda la vida.

En mi última visita, casi una década después, esta vez a El Tesoro, me topé con un hombre a quien había conocido en mi primer viaje. Ya estaba demasiado viejo para hacer mucho trabajo físico —se encuentra oficialmente jubilado—, pero va a la destilería por su cuenta a pulir las tinas de acero inoxidable. Este cóctel está dedicado a él.

Coloca todos los ingredientes, excepto las cáscaras de limón y naranja, en una jarra mezcladora con hielo. Revuelve y vierte en un vaso bajo, sobre un cubo de hielo grande. Exprime los aceites de las cáscaras de limón y naranja sobre el vaso, y acomódalas encima.

INFUSIÓN DE TEQUILA BLANCO TAPATÍO 110 Y MACIS

10 onzas de tequila blanco Tapatío 110   1 cucharada de macis seca y molida

RINDE 10 ONZAS • Revuelve el Tapatío y la macis en un frasco de un cuarto de galón, y permite que repose durante tres días sin refrigerar. Pasa la infusión por un colador chino, y embotéllala. Puedes guardarla en el refrigerador indefinidamente.

CAÑA DE AZÚCAR

Arriba: Unos trabajadores cargan un camión con caña de azúcar cortada a mano, en Appleton Estate. St. Elizabeth, Jamaica.
Página 108: Valdemar Onisko y Emerson Santos cosechan caña de azúcar para la cachaza Novo Fogo, en Morretes. Paraná, Brasil.

Una botella de ron, o un cóctel hecho con esta bebida, contiene mucho más que un destilado de caña de azúcar. El ron representa una mezcla realmente compleja de historias humanas: es resultado de la colonización, sí, pero también del auge y la caída de la venta de esclavos, y del singular crisol cultural que se produjo en América. Como resultado de esta historia multifacética, a diferencia de otros destilados, la producción de ron apenas tiene reglas: esta bebida surgió, y sigue existiendo, de una precaria manera. Todo lo que tiene que ver con el ron es extraño y natural, exótico y familiar, resultado de plantas y personas que se mudaron de un lugar a otro, y se vieron obligadas a coexistir hasta que esa forma de vida se les hizo habitual.

En lo que respecta al *terroir* cultural de este destilado caótico, además de las influencias europeas y de los pueblos indígenas, y del clima de América, una tercera influencia cultural proviene de África, de donde importaron a América esclavos humanos. Se trata de una influencia que afectó el intercambio entre la Europa colonial y la América indígena de formas complejas e impredecibles, que se han vuelto parte integral de lo que experimentamos al beber estos licores. En ese sentido, los destilados de caña de azúcar son el sabor dulce del caos, una celebración de la variedad y la improvisación ante la adversidad.

La diversa mezcla cultural que representa el ron existe también en las poblaciones de los lugares más conocidos por producir esta bebida. Casi todas las personas de esas regiones —principalmente las islas del Caribe y las naciones del continente que las rodean— son de ascendencia africana, con un poco de influencia cultural europea presente en las lenguas que hablan, los alimentos que consumen, los juegos con que se entretienen y otras tradiciones que perpetúan. Por supuesto, la necesidad de esclavos africanos surgió con la colonización, al ser prácticamente aniquiladas las poblaciones indígenas —caribes, arawaks, taínos y waraos, entre otros— en la carrera por conquistar nuevos territorios. Y los nativos que fueron esclavizados, a menudo murieron a consecuencia de las enfermedades importadas por los europeos, para las cuales no habían desarrollado inmunidad. Tras la masacre de estos, los colonizadores europeos, en especial los cultivadores de caña de azúcar, dependieron todavía más de la captura y exportación de esclavos africanos, y conforme creció el comercio de azúcar en las Indias Occidentales, aumentó a su vez el comercio de esclavos.

De los doce millones de africanos que se estima fueron capturados y llevados a América, alrededor del 70 por ciento fue enviado a las plantaciones de caña de azúcar del Caribe y América. Estas personas, secuestradas a lo largo de África, representaban contextos raciales, geográficos y culturales distintos, y dieron origen a abigarradas nuevas identidades nacionales que surgieron de la mezcla de los esclavos, los esclavistas y los nativos sobrevivientes, así como de sus religiones, dialectos y concepciones del mundo.

El ron, en sus muchas formas, es un claro ejemplo de la lucha que libraron sus creadores para adaptarse al nuevo ambiente, tan increíblemente distinto. Conforme nacieron las nuevas identidades de las islas y el continente, cada una acorde a sus propias normas y prácticas, estas fueron produciendo su propia versión del destilado de caña de azúcar o, con frecuencia, una familia de bebidas espirituosas en más de un sentido contradictorias. Producido y degustado lo mismo como encarnación de la simpleza rural que como ideal de alto refinamiento, el ron fue recibido con brazos abiertos por ricos, pobres y esclavos, adoptando diferentes características según donde se arraigara. Se volvió popular en las comunidades católicas, al tiempo que se volvió un elemento fundamental en los ritos de vudú y santería. Adoptó acentos británicos, franceses, españoles, portugueses y holandeses —siempre criollizados—, y hoy en día todavía persisten esos acentos y costumbres en el ron.

Entonces, ¿cómo surgieron las diferencias que caracterizan el ron? ¿Por qué algunos rones jamaiquinos son una maravilla aromática, mientras que los rones cubanos son de una claridad delicada? ¿Qué son el ron agrícola y la cachaza, y qué les da sus sabores tan únicos? Para responder estas preguntas, deberemos primero adentrarnos en la historia de la industria de la caña de azúcar, esa enorme fuerza global que casi dio vida por sí sola al ron y a las incomparables culturas latinas que este representa.

HISTORIA

La caña de azúcar no es nativa de América, pero encontró el ecosistema ideal cuando los colonizadores la llevaron al Caribe. A diferencia de los agaves nativos de México, esta pastura dulce, parecida al bambú, es originaria de Nueva Guinea, donde se cree que se cultivaron las primeras cosechas de caña de azúcar ya en el año 8000 a.C. Su viaje hasta el otro hemisferio fue largo y penoso.

Una vez desatado el auge del azúcar en la India, lugar donde fueron desarrollados los métodos de molienda y refinamiento que permitieron transportar el azúcar, el producto se difundió hacia el oeste: primero a Persia y luego a Europa, gracias a los comerciantes árabes y moriscos, y a los cruzados que volvían del Medio Oriente. Por supuesto, en los climas fríos de Europa la caña no crecía con el mismo vigor que en India o Nueva Guinea, así que el azúcar siguió siendo un lujo en Europa durante bastante tiempo. Todavía a principios del siglo XI, este alimento era considerado una especia exótica, proveniente del Lejano Oriente. Y era astronómicamente cara: hasta alrededor del siglo XVII, un gramo costaba el equivalente a 10 dólares actuales. (¡Piensa en eso la próxima vez que agregues un terrón o dos a tu café!).

Los portugueses fueron los primeros en exportar la caña de azúcar al oeste, al "Nuevo Mundo" en América, seguidos de cerca por los españoles. Cosechar las duras cañas y arrancarles el exterior fibroso para acceder a su centro dulce es una labor manual pesada; así que, tan pronto como los colonizadores españoles comenzaron a cultivar caña de azúcar a gran escala, emprendieron la búsqueda de personas que lo hicieran por ellos, tan barato como fuera posible. La respuesta fueron los esclavos africanos. Cuando los portugueses arribaron a Madeira, cerca de la costa de Marruecos, y los españoles encontraron las Islas Canarias, ambos imperios contaron con vastas tierras para cultivar caña de azúcar, e importaron esclavos africanos del continente para hacer el trabajo. En 1444 fueron despachados los primeros esclavos a los campos de Madeira, asociándose desde entonces el comercio internacional de azúcar con la esclavitud africana.

No fue sino hasta que el "descubridor" de América, Cristóbal Colón, emprendió una expedición por mar con el objetivo de conseguir ventaja para España en el comercio de especias de las Indias Orientales, que la horrible asociación entre cultivadores de caña y esclavistas llegó a América Latina. Ahora sabemos que el plan de Colón de navegar con rumbo oeste, lo que consideraba un atajo para llegar a Asia, lo llevó a las Indias Occidentales (las que tomó por la India), desembarcando primero en Bahamas, antes de seguir y dar con La Española (actualmente Haití y República Dominicana). Colón, creyendo con toda razón que La Española era rica agrícolamente y capaz de mucha abundancia, estableció ahí su primera colonia. En su segundo viaje, en 1493, llevó consigo brotes de caña de la plantación de Islas Canarias de su esposa, inaugurando la producción de azúcar en el nuevo ecosistema. Desde entonces, unos cuantos cientos de años intensamente activos han demostrado que lo que sospechaban aquellos primeros productores de azúcar de las Indias Occidentales era cierto: la caña por fin había encontrado su hogar ideal a las puertas del llamado Nuevo Mundo, en el Caribe.

Aunque Colón estaba satisfecho con lo bien que la caña de azúcar se había adaptado a las islas, su interés principal eran los metales preciosos, así que dejó el lujoso ambiente de las Indias Occidentales y navegó más al sur y al oeste, "descubriendo" Centro y Sudamérica. La falta de interés por parte de España en proteger sus hallazgos facilitó que otros poderes colonizadores europeos siguieran los pasos de Colón y reclamaran otras islas como propias, estableciendo granjas, puertos y asentamientos. Pronto hubo también colonias francesas, portuguesas, holandesas e inglesas en las Indias Occidentales, todas compitiendo por obtener las riquezas del botín agrícola sin precedente que representaba el trópico. El azúcar, anteriormente un lujo reservado para los muy ricos, se popularizó en Europa al florecer el comercio con las Indias Occidentales, un comercio basado en territorios robados y en la sangre y el sudor de personas igualmente robadas. Los colonos caribeños empezaron a vender el azúcar, y más adelante los destilados hechos a partir de la caña, a sus socios en África y Europa a cambio de más esclavos africanos, que eran embarcados hacia América y forzados a producir el jugo causante de su arribo a esas tierras. El llamado Pasaje del Medio —la ruta marina hacia los nuevos territorios— se convertiría en la vía por donde millones de africanos encadenados serían transportados durante los siguientes cuatrocientos años.

Con rutas de comercio activas, abundantes tierras fértiles y lo que parecía un abastecimiento infinito de esclavos para trabajarlas, la creciente demanda por el último edulcorante de moda pudo ser cubierta. Con tanto jugo de caña de azúcar fluyendo —y fermentándose rápidamente en el clima cálido—, no tomó mucho tiempo antes de que la gente (es posible que los primeros fueran los portugueses) encontrara otro uso para él: producir alcohol.

Es muy probable que los portugueses dueños de plantaciones de caña de azúcar, conocedores de los métodos de destilación y responsables de introducir su tradicional destilado de uva, la *bagaceira*, recibieran ayuda de los nativos para desarrollar los primeros licores de caña de azúcar. Los indios caribe, quienes fueron de los primeros en trabajar en los trapiches de azúcar portugueses, ya tomaban bebidas fermentadas hechas a partir de plantas locales como la papa y la yuca, y rápidamente trasladaron ese conocimiento a la caña de azúcar.

La primera plantación de caña de azúcar en Brasil y la primera destilería de la excelente bebida brasileña conocida como cachaza, fueron establecidas a principios del siglo XVI en la costa sur de São Paulo. El primer reporte de un destilado de caña en las nuevas colonias de América data de 1532, y fue escrito en Brasil por el general portugués y gobernador Tomé de Souza, quien refería que los esclavos de la plantación bebían un destilado crudo de caña, al cual llamaban *cachaço*, nombre que con el tiempo se transformó en *cachaça*. En ese entonces, y durante mucho después, solo los esclavos consumían el nuevo destilado de caña de azúcar; la gente rica bebía vino y destilados europeos. No obstante, la cachaza creció en popularidad y paulatinamente se abrió camino desde la costa hacia el interior, a medida que cada nuevo asentamiento se dedicaba al cultivo, molienda y destilación de la caña de azúcar. (Cuando visité el viejo molino de agua de Engenho do Diquinho, en el estado brasileño de Paraná, la dueña, Marisa Leal, me mostró unas pinturas que reflejaban la historia del pueblo. Una de ellas, un retrato de su padre —quien había dirigido antes la destilería—, decía: "Donde se muele caña hay un alambique").

Cuando los portugueses les quitaron a los holandeses el resto de lo que ahora es Brasil, en 1640, estos se desplazaron hacia el norte, llevándose con ellos la metodología para destilar azúcar, primero a Guyana y luego a Barbados y el Caribe. Allí emplearon ese conocimiento para destilar lo que hasta entonces había sido un aburrido subproducto de la caña de azúcar: la melaza. Nadie sabe cuándo en realidad —o dónde— se produjeron las primeras gotas de lo que ahora llamamos ron, pero, dejando de lado los primeros registros de la producción de cachaza (¡ningún brasileño que sienta orgullo de serlo llama "ron" a su destilado nacional!), suele aceptarse que los destilados de caña de azúcar similares al ron se originaron en Barbados, a partir de cañas de azúcar y alambiques proporcionados por los holandeses. Al cabo de apenas unas cuantas décadas de colonización, Barbados se convirtió en la colonia británica más rica, habiendo logrado capitalizar el comercio de azúcar y de ron. Así, empezaron a aparecer destilerías por toda América Latina, a medida que los colonos comenzaban a darle un nuevo y redituable uso a la melaza.

Hasta ese entonces, la melaza había sido un problema para los productores de azúcar. Pegajosa, pesada y no particularmente deleitosa, no era algo que muchos lugareños quisieran comer, y por supuesto no valía la pena exportarla a Europa. Muchos trapiches de azúcar simplemente la echaban en el océano o intentaban convertirla en alimento para el ganado. Aún así, era mucha la viscosa y problemática sustancia de la que los trapiches tenían que deshacerse; estos producían alrededor de una libra de melaza por cada dos de azúcar granulada. Inevitablemente, mucha de esta melaza terminaba por ahí en inmensas tinas, donde, como todo lo demás, bajo el calor, la lluvia y la humedad tropical muchas veces terminaba fermentándose. Los esclavos, los nativos y los colonizadores se habían acostumbrado a beber la sustancia ligeramente alcohólica resultante, para relajarse; los vinos y las cervezas importados eran demasiado caros, y esta cerveza azucarada adormecía los sentidos más o menos igual.

Cuando por fin se les ocurrió destilar esta bebida fermentada para producir un licor fuerte, el producto resultante despegó. Hacia mediados del siglo XVII, los rones de la colonia inglesa de Barbados eran muy prestigiosos. Todavía no se llamaban *rum* (ron), sino que se les conocía por su primer nombre, *kill-devil* (matademonio). Ron, el posterior *nom de plume* que recibió el destilado, muy probablemente provino de la unión de varias lenguas y culturas, y es factible que se desprendiera de la palabra *rumbullion*, un compuesto de la palabra *rum* que en el inglés antiguo significaba "bueno", y la palabra francesa *bouillon*, que significa "bebida fuerte y caliente", y que también es sinónimo de "rebelión", "conmoción" y "alboroto". En resumen, que el ron es una buena rebelión. ¡Me parece excelente!

Aunque es posible que los ingleses evaluaran como "buena" la capacidad de emborrachar de la nueva bebida, al principio no todos se sentían muy atraídos por su sabor. Sin embargo, hacia finales del siglo XVII el ron comenzó a adquirir un sabor más refinado, y lo que originalmente fuera un aguardiente acre dio vida a una afanosa industria que enriqueció aún más a los dueños de plantaciones. El licor pronto se hizo común en los mares, y los marineros de todas las naciones se volvieron adictos a este, para su disfrute diario y, a veces, deleitosa borrachera.

Todo marchaba bien —al menos, para los conquistadores— con la producción conjunta de azúcar y ron. Más adelante, en el siglo XIX, sucedieron dos cosas muy importantes casi simultáneamente: la popularización de la remolacha azucarera en Europa y la abolición de la esclavitud por el imperio británico.

Lo primero se debió en gran medida a la férrea defensa nacionalista emprendida por Napoleón, siempre interesado en consolidar el poder imperial en casa. Para él, la remolacha azucarera era la respuesta agrícola a un problema escabroso de dependencia internacional: la producción de azúcar a partir de la remolacha —cultivo al que los campesinos europeos podían dedicarse con facilidad y bajos costos en suelos europeos— eliminaba la dependencia del azúcar que se importaba de las colonias en el extranjero, lo cual se volvió apremiante sobre todo después de que la revolución haitiana despojara a Francia de su lucrativa colonia, en 1804.

Conforme disminuyó la dependencia de las colonias y la fuerza de trabajo barata del trópico, los movimientos abolicionistas ganaron poder, y viceversa; en 1833, el imperio británico abolió formalmente la esclavitud, sentando el precedente para la proclamación de decretos similares en Francia y Estados Unidos. Cientos

La aparición de algunas flores blancas indica que la caña de azúcar está lista para su cosecha. Rhum J.M, Macouba, Martinica.

de plantaciones de caña de azúcar —y las destilerías de ron— se vieron forzadas a cerrar ante el auge de la industria de la remolacha azucarera, y la producción de caña de azúcar, que ahora reportaba pérdidas que había que pagar (¡imagínate!), se encareció aún más. La producción de azúcar empezó a desplazarse de vuelta a Asia, donde un gran porcentaje de la industria permanece hasta hoy.

Y, justo cuando más se necesitaba, un importante invento tecnológico casi salvó la industria del ron, al abaratar la destilación y contrarrestar así la pérdida de mano de obra barata a consecuencia de la abolición de la esclavitud: el alambique de columna. Al requerir muy poca supervisión humana, este método de destilación casi completamente mecanizado permitió que el proceso se realizara sin el esfuerzo que usualmente demandaba. De ese modo, el dinero que se gastaba en mano de obra para cultivar y cosechar la caña de azúcar se podía recuperar de otro modo. (Poco después, cuando la revolución industrial llegó a su clímax, la siembra y la cosecha también se mecanizaron, reduciendo todavía más la necesidad de trabajo humano). El ron se había salvado, y empezaba a desarrollar el estilo con que se le conoce en el mundo hoy en día: ligero, suave y fruto de varias destilaciones.

Mientras ocurrían estos avances, los españoles, tras una serie de guerras que trajeron la independencia a varios de sus territorios en Sudamérica, se dedicaron a desarrollar el cultivo de la caña de azúcar en sus primeros paraísos coloniales: Cuba y Puerto Rico. Decidieron mantener la esclavitud en esos lugares por un tiempo, para tener así una ventaja competitiva mientras se reponían de la pérdida de su bastión en Sudamérica. Una nueva clase agricultora compró esclavos en grandes cantidades y se mudó a las colonias españolas, y España se convirtió en el principal productor de caña de azúcar en el mundo.

Los españoles empezaron a producir su propio estilo de ron a una escala comercial global. Producido primeramente en Cuba —donde la breve ocupación de La Habana por Gran Bretaña, a mediados del siglo XVIII, había sentado las bases de la producción de ron—, este se extendió luego a Puerto Rico a través de los emigrados cubanos. Llamado ron ligero, era un ron similar al que consumimos hoy, fruto de la destilación continua y diseñado para satisfacer el paladar europeo de la nobleza española. Dulce, suavizado con el añejamiento, y refinado al paladar —aunque con capacidad de sobra para emborrachar—, este nuevo estilo de ron español cobró rápida fama y cambió para siempre la percepción del ron a nivel mundial. Hoy, el ron estilo español es el más popular de todos. Bacardí, que fabrica ron de esta clase, es sin duda la marca de destilados más reconocida en el mundo.

SOY CANTINERO

De todos los lugares que visité en América Latina, Cuba, y La Habana en particular, es realmente el único con una cultura coctelera integrada en su historia. Tantas bebidas clásicas surgieron allí: el Mojito y el Daiquirí son dos de ellas. Durante la Ley Seca, preparar bebidas allí significaba más o menos lo mismo que hoy: una excelente forma de hacer dinero, conocer a personas interesantes e involucrarse en un intercambio cultural global. Había una vibrante cultura de cantineros y entusiastas de los destilados, que fungían como embajadores de la cultura cubana ante un mundo de élite.

Después de la revolución comunista en el país, a finales de la década de 1950, todo eso cambió. La ideología de Fidel Castro iba en contra de la vida nocturna, y este cerró casi todos los bares tradicionales del país. Solo unos cuantos viejos cantineros siguieron trabajando; muchos abandonaron la isla. Pero con el tiempo, el fomento de la economía hotelera en el país —que atrae las propinas de los visitantes extranjeros—, y más tarde el relajamiento del embargo bajo la administración de Obama, se comenzó a ver un resurgimiento de la cultura del cantinero en Cuba.

"Aquí, en Cuba, la de cantinero ha vuelto a ser una carrera prestigiosa", me dijo el maestro cantinero de origen cubano Julio Cabrera, sentados afuera del famoso bar El Floridita. Para escapar del comunismo, Julio emigró a Miami, donde se ganó la vida como cantinero. "Antes de la revolución, si eras doctor o abogado o ingeniero, ganabas mucho dinero", me explicó. "Pero todo eso cambió. Yo me eduqué como ingeniero, y pensaba, ¿por qué debería trabajar por 20 dólares al día cuando podría hacerme cantinero y ganar la misma cantidad en propinas en un lapso de dos horas? Recuerdo mi primer turno: saqué $80 en propinas. No lo podía creer". Esa mentalidad es muy común en Cuba, dijo Cabrera. "Ahora ves a muchos cantineros que solían ser médicos".

En Cuba hay organizaciones que se dedican a promover el oficio de cantinero. Visité el club de la Asociación de Cantineros de Cuba estando allí, y pude comprobar la pasión que todos (en su mayoría hombres) sienten por su trabajo y su arte. La historia del oficio en Cuba podía palparse en ese lugar, donde pude observar de una sentada la historia latinoamericana y la conservación histórica a través del lente de una cultura clásica de coctelería, promovida por una organización que la ensalza en tanto fuente de orgullo nacional.

Un estímulo crucial para el auge del ron cubano fue la creciente sed de su pujante vecino: Estados Unidos. Al terminar la guerra hispano-estadounidense de 1898, Cuba se volvió protectorado de Estados Unidos, despegó el turismo en la isla y el ron ligero —y la creciente variedad de cócteles deliciosos que se podían preparar con él— ganó gran demanda en Estados Unidos. Algunos de los primeros bares de las Américas surgieron en La Habana, para servir a los viajeros ricos y famosos que vacacionaban allí, con lo que se inauguró la era del cóctel.

Cuando la Ley Seca golpeó Estados Unidos, esta no afectó en lo más mínimo la popularidad del ron ligero; por el contrario, la incrementó más, pues un viaje a Cuba desde el sur de la Florida era una rápida excursión. Después de que se terminara la prohibición, La Habana mantuvo su reputación como lugar donde se pasa bien, y los bares de coctelería —tanto locales como de expatriados estadounidenses— siguieron floreciendo. Escritores famosos como Ernest Hemingway le dieron gran notoriedad al ron cubano, a los cócteles cubanos y a los buenos bares de La Habana donde estos se crearon.

Hoy en día es fácil olvidar, en medio de la popularidad que ha alcanzado el ron estilo español, que los destilados de caña de azúcar se hacen de muchas otras formas. Como veremos, hay una inmensa gama de estilos de producción: desde la aromática y herbácea cachaza brasileña hasta los untuosos rones jamaiquinos, con mucho cuerpo. Desafortunadamente, a pesar de esta maravillosa diversidad de sabores, los productores más grandes de ron a nivel mundial se han dedicado, en general, a producir un ron que resulta una versión exagerada del modelo de ron ligero: ligero, altamente refinado y sin la mayoría de las características originales de la caña de azúcar natural con la que se produce —prácticamente un vodka de caña—. No obstante, el ron, el destilado original, comunica muchos matices y diversidad a escala global; es un licor tan variado estilísticamente como los múltiples lugares de donde proviene.

Nicolay Mesa Chávez, famoso cantinero de El Floridita, prepara un cóctel en el club Cantineros de Cuba. La Habana, Cuba.

Trabajadores operando una cosechadora de caña de azúcar en los sembrados. Nueva Paz, Cuba.

EL VERDADERO COSTO DE LA CAÑA DE AZÚCAR

Nadie que investigue la historia y la producción de azúcar y ron puede permanecer ignorante ante la tragedia y el sacrificio humano asociados a ellos. Sin embargo, igual de horrendas son las múltiples formas en que ese sacrificio continúa en la actualidad. Enfermedades, deshidratación y agotamiento son algunos de los peligros que asechan a quienes cosechan la caña, y la industria en general provee poco dinero para lidiar con estas.

A inicios de la segunda década del siglo XXI, la enfermedad renal crónica pasó a ser la segunda causa de muerte en Centroamérica. Provocada por el calor, el estrés y la deshidratación —condiciones de trabajo características de la mayoría de los campos de caña de azúcar (en particular, los que se cosechan a mano)— no es de extrañar que esta enfermedad sea rampante entre los campesinos que cultivan la caña de azúcar. Los trabajadores de la industria azucarera trabajan en turnos que pueden durar muchas horas, ya que el pago suele depender de lo que cosechan y no del tiempo invertido. Muchas veces no se les abastecen agua ni comida, ya no digamos un lugar de sombra o descanso.

Debo decir que, en mis viajes, nunca vi condiciones de trabajo como esas. De hecho, en la mayoría de los campos que visité encontré lo opuesto. (En Cuba, quizá debido a la ideología comunista del país, el campo de caña que visité tenía un pequeño cobertizo de madera, jalado por un tractor, donde un chef amigable servía postres y café dulce a los trabajadores). Pero la poca atención a este problema en otras regiones es uno de los aspectos más siniestros de la industria del ron, y en años recientes ha corrido la noticia de que muchas personas están literalmente matándose trabajando.

La industria del ron puede revertir esta situación. Las condiciones laborales deben ser transparentes, no solo para quienes trabajan en las destilerías, sino para quienes laboran en las refinerías de azúcar que abastecen las destilerías con melaza. Y, como parte de esa transparencia, nosotros, los consumidores, deberíamos estar dispuestos a pagar un precio más alto para garantizar que existan condiciones laborales seguras. Después de todo, el ron no es barato porque sea fácil de producir, sino por lo barata que sale la mano de obra, algo que data desde los días de la esclavitud.

Un ejemplo de cómo pueden hacerse las cosas puede encontrarse en la isla caribeña de Martinica. Allí, desde los agricultores de azúcar de caña hasta los maestros mezcladores y los dueños de las destilerías disfrutan la misma protección legal que sus contrapartes en Francia (porque, bueno, Martinica es Francia). Quiere decir esto que todos están protegidos bajo estrictas leyes laborales, reciben un salario mínimo más alto que en otras partes, trabajan una semana de treinta y cinco horas, y disfrutan de seguro social gratis, vacaciones pagadas y otros beneficios. Debido a ello, el ron agrícola de Martinica es más caro de preparar y termina costando unos cuantos dólares más, pero es un gran producto y puedes sentirte bien al comprarlo.

PRODUCCIÓN

La caña de azúcar no solo es inherentemente dulce, ideal para fermentar y destilar, sino que, siendo parte de la familia de las pasturas, también crece muy rápido (¡hasta una pulgada por día!), llegando a alcanzar hasta veinte pies de altura al cabo de entre nueve y dieciocho meses, lo que la convierte en una cosecha de máximo rendimiento. (La caña de azúcar también crece a lo largo de múltiples temporadas antes de que se deba volver a plantar). En la actualidad existen alrededor de 15,000 subespecies distintas, muchas de las cuales han sido creadas por el hombre para hacer el cultivo más resistente a enfermedades e infecciones. Los productores de ron eligen entre una gama de variedades mucho más limitada, en ocasiones mezclando y embonando algunas de ellas para obtener ciertas características deseadas.

A diferencia de los agaves, que pueden sobrevivir en los paisajes más áridos, la caña de azúcar necesita mucha agua para hidratar sus células sacaríferas. Si quieres la mejor concentración de azúcar en la caña, debes cortarla en el momento justo de su crecimiento, poco después de que florezca. La cosecha puede ser manual o mecanizada, pero las máquinas cosechadoras, pese a hacer la labor menos intensa, son extremadamente caras (sus precios sobrepasan los 2 millones de dólares) y su rendimiento óptimo depende de que el terreno sea llano. Las cosechadoras cortan los campos de caña con pistones en forma de sacacorcho, parecidos a los colmillos de un mamut mecánico, y con su movimiento giratorio cortan las cañas y les quitan las hojas. A donde vayan estas máquinas, verás cientos de aves detrás, atrapando los insectos que vivían entre las cañas.

Por otra parte, cosechar la caña de azúcar a mano debe ser uno de los trabajos más arduos del mundo. Incluso en las mejores condiciones, se trata de una labor sudorosa y agobiante, que por lo general realizan los trabajadores de menos nivel de la fuerza laboral. Estos se ayudan de machetes filosos, con los que cortan los duros tallos de la caña, de aspecto parecido al bambú, los limpian de las hojas y los apilan, luego cargan las pilas de caña a cuestas a través de los campos sofocantes, hasta que finalmente los colocan sobre burros de carga, carretas o camiones. A pesar de ello, casi todas las personas que conocí que se dedicaban a esta labor mostraron un fuerte sentido de orgullo en lo que estaban haciendo.

La caña, como el maíz, produce hojas grandes y largas que se secan y caen mientras la planta crece. Las hojas, que no contienen azúcar, forman el medio ideal para insectos, serpientes y otros animalejos, además de formar una maraña densa que debe atravesar el cosechador. Debido a ello, cuando la caña de azúcar se cosecha a mano, los campesions tienden a quemar primero los campos para eliminar mucha de esta materia extraña, y ahuyentar cuantos animales sea posible. Sorprendentemente, la quema de campos no afecta la capacidad de la caña de regenerarse, pero algunos campesinos creen que sí cambia el sabor del jugo (y, por consiguiente, de su destilado). Como es de esperar, ello también produce toda clase de problemas medioambientales, además de complicaciones a la salud, por lo que algunos países —como Brasil, desde 2011— han prohibido la quema. En otras naciones, no obstante, se sigue haciendo con regularidad. En Jamaica, cuando me dirigía a Hampden Estate, pasé frente a un campo en llamas, y no parecía haber nadie vigilándolo. Para los estadounidenses, que crecemos viendo noticias de devastadores incendios forestales en el oeste, puede ser un espectáculo espantoso y caótico, aunque para las demás personas que lo veían no parecía ser nada fuera de lo común.

Después de la cosecha, las cañas se cortan, se prensan y se muelen para separar el jugo (llamado *guarapo* en países de habla hispana o *jus* en francés) de las fibras crujientes (también llamadas bagazo o *bagasse*). Esa parte del proceso se puede hacer en antiguos molinos de agua, como vi en Brasil; en molinos impulsados por burros o bueyes, como vi en Haití y México, o con motores eléctricos o de gas. Muchos productores usan molinos de rodillos, que aplastan con agua la caña rebanada y picada.

EL ESPÍRITU HETEROGÉNEO DE BRASIL

"Brasil es un crisol con una inmensa frontera. Somos vecinos de casi todos los demás países sudamericanos, y nuestra población contiene todas las etnias del mundo. A pesar de lo que la gente piensa a veces, somos un pueblo feliz y pacífico, compuesto por miles de características diferentes... como también lo es la cachaza". Thyrso Camargo, de Cachaça Yaguara.

No se trata solo del quinto país más grande del mundo. Brasil también es un país de una amplitud extrema en términos de clima y biodiversidad, con selvas tropicales y montañas, playas y desiertos. La diversidad humana es igualmente impresionante. La población de Brasil es extraordinariamente multiétnica, y el país es hogar de una cantidad inmensa de habitantes de otras partes. Los idiomas, las religiones, las gastronomías y las culturas locales varían mucho de una parte a otra del país, y sus características se entremezclan en formas nuevas y fascinantes todo el tiempo.

El destilado nacional de un país tan vasto y heterogéneo debería ser vasto y heterogéneo también, y así lo es la cachaza brasileña. Como ha dicho el maestro destilador de Novo Fogo, el doctor Agenor Maccari, "No tenemos cachaza, sino cachazas". Literalmente, en Brasil se hacen decenas de miles de cachazas diferentes —de caña de azúcar, que crece en casi cualquier zona del país, y añejadas en maderas—, y su variabilidad es enorme. Algunas cachazas se producen a miles de pies por encima del nivel del mar, donde las cañas se cultivan junto a las uvas; otras cachazas se producen junto al mar, en lo profundo de la selva o en zonas rocosas y desérticas. Todos estos ambientes, y la gente que los habita, son capaces de extraer cualidades distintas de la caña y del barril donde se añeja la bebida. Brasil posee tres denominaciones de origen (DO) oficiales por las que velar, todas dirigidas a regular el producto final más que el proceso mediante el cual este se obtiene. Como el gran *cachaceiro* Mauricio Maia me explicó mientras sorbíamos un poco de *pinga* en un *boteco* (nombre de las cantinas locales de Brasil, desperdigadas a lo largo de las carreteras de todo el país), "Las regulaciones brasileñas no te dicen cómo debes hacer, sino qué cosa debes hacer. Alambique de olla o de columna, fermentación abierta o cerrada, levadura natural o químicos... Tú decides".

Los bares del camino, o *botecos*, se encuentran por todas partes en Brasil. Aquí, en Gil-Bar, en Morretes, el dueño, Gilson Soares, está listo para atender. Paraná, Brasil.

Una vez obtenido el jugo de la caña, este puede someterse a diferentes procedimientos de fermentación y, por último, de destilación para obtener el ron. Una manera de hacerlo es refinar el azúcar primero, y luego fermentar el subproducto de esta, la melaza. También se puede hacer jarabe o miel de caña, que no es más que el jugo concentrado que se obtiene después de la etapa inicial de evaporación durante el refinamiento del azúcar. (Desde mi perspectiva de nativa de Vermont, es como hervir savia de arce para hacer sirope, y en ambos casos se hace con el mismo objetivo: darle al producto una mayor vida de anaquel y aumentar su dulzura para que no se fermente). El método más directo consiste en someter directamente el jugo de caña al proceso de fermentación.

Con la excepción de los rones estilo francés (sobre todo los que producen las seiscientas destilerías que hay en Haití) y las cachazas de Brasil, alrededor de 90 por ciento del ron que se produce en América Latina se hace fermentando la melaza residual. Durante el proceso de refinamiento del azúcar del que se obtiene melaza, el jugo de la caña se concentra y cristaliza. Para ello, se evapora el agua del jugo, lo que produce azúcar cristalizada y una melaza de aspecto similar a la brea. Por lo general, el jugo se hierve múltiples veces para extraer todos los cristales de azúcar, y con cada hervor la melaza se oscurece y se vuelve más densa y más amarga; la melaza sobrante después del último hervor es melaza "residual", un jarabe muy espeso y de sabor concentrado, que a pesar de ser lo suficientemente rico en azúcares para fermentar, someterlo a un nuevo hervor sería un proceso demasiado complicado (y, por ende, prohibitivamente costoso). Con todo el fuego, la maquinaria pesada y el azúcar hirviendo, podrás imaginar que las refinerías de azúcar tienden a ser una locura, lugares en extremo difíciles de mantener limpios. Cuando estuve en Cuba, pude explorar una, contruida en una enorme bodega antigua, y vi las flamas que brotaban de sus hornos, y los chorros de vapor que salían, acompañados de un silbido, en intervalos irregulares. (Te recomendaría que lo vieras por ti mismo, pero tal vez sea difícil; como muchas otras cosas en la economía estatal cubana, la gigantesca y ruidosa fábrica, con sus columnas de vapor, se supone que sea secreta).

Al ron que se hace directamente del jugo o sirope de caña de azúcar se le llama *rhum agricole*, nombre francés que significa "ron agrícola". Como su nombre indica, este es un ron producido en pequeñas cantidades, para consumo más local, obtenido no del subproducto de un proceso industrial en una plantación enorme, sino del jugo de la planta misma. El proceso es sencillo e inmediato: la caña se muele, a veces se agrega agua y comienza la fermentación.

RON AGRÍCOLA Y RON INDUSTRIAL

Karine Lassalle, de Rhum J.M, cuando me habló del ron agrícola lo describió como "tan elegante y complejo como nuestra gente". Y, de hecho, es francés. A diferencia de otras naciones, donde el ron que se produce constituye principalmente un subproducto de la industria del azúcar, los franceses se propusieron satisfacer el paladar europeo con el ron que producían, por lo que aplicaron a la producción de este las técnicas de refinamiento que ya habían perfeccionado con el calvados, el coñac y el armañac.

Por el contrario de lo que ocurre con la mayoría de los otros rones, el ron agrícola está muy legislado. Entre otras cosas, ello da pie a la distinción tan francesa entre *rhum agricole* (el ron hecho al estilo tradicional francés) y *rhum industriel* (los demás rones). La legislación fue establecida a través de Appellations d'Origine Contrôlée (AOC), el equivalente francés de Denominaciones de Origen, que estableció las reglas concernientes a la producción de una serie de productos agrícolas franceses.

Uno de los territorios legalmente reconocidos para producir ron agrícola es Martinica, isla francesa del Caribe donde se produce uno de los mejores rones agrícolas del mundo, creó su propia AOC adicional en 1996. Esta regula temas como los rendimientos aceptables por cosecha (¡no mucho, últimamente!), los aditivos permitidos (¡ninguno!), las variedades de caña de azúcar (veinte), el tiempo de fermentación (hasta 72 horas) y los métodos de destilación (con alambique de columna). En cambio, no establece requerimientos de añejamiento, lo que convierte al ron agrícola de Martinica en el único destilado blanco del mundo que está regulado con una AOC. Aunque Martinica produce menos del uno por ciento del ron que se consume en el mundo, es bien sabido que la mayor parte del otro 99 por ciento no posee el delicioso sabor de este, y por lo general el crédito de ello se le asigna a la AOC. "Es la champaña del ron", ha dicho Ben Jones, de Spiribam, un distribuidor y comercializador de rones caribeños finos. "Es lo que la AOC le ha dado a la categoría".

Marisa Leal, de Engenho do Diquinho, prensa su caña cortada a mano usando un molino impulsado por agua, en Morretes. Paraná, Brasil.

"SECTOR INFORMAL" DE CACHAZA

Hoy en día, la cachaza es oficialmente la cuarta bebida destilada más consumida en el planeta, con alrededor de cinco mil marcas únicas, que producen cerca de mil millones de litros de cachaza al año. Puede parecer mucho, pero se calcula que esas cinco mil marcas oficiales solo suman el 15 por ciento de la cachaza que se produce actualmente en Brasil. El otro 85 por ciento, producido en destilerías que operan sin reconocimiento legal, está oculto... a plena vista. (Al manejar por Brasil, no es difícil encontrar estas pequeñas destilerías y constatar cómo cada familia destila su producto; de hecho, es una excelente manera de pasar el día).

Por ello, la cachaza bien podría ser el destilado más consumido del mundo, aunque se estima que hasta un 98 por ciento de toda la cachaza se consume en Brasil. Como resultado, la mayor parte de las personas fuera de Brasil solo conoce con respecto a este destilado, por lo general, el famoso cóctel que se prepara con él, la Caipiriña, merecedora de su fama, claro, pero de ninguna manera lo único que existe.

¿Por qué se produce tanta cachaza que no se registra? La principal respuesta, como siempre, es el dinero. En Brasil los impuestos de registro de destilados son, dicho con un eufemismo, escandalosos. Estos varían desde un 70 por ciento hasta un 82 por ciento, sin atender a si el productor es una corporación global con exportaciones a cincuenta países, o una mujer con una prensa de azúcar atada a un molino de agua. Suma el apetito insaciable de la nación por la cachaza, y el increíble hecho de que el Ministerio de Agricultura de Brasil —el departamento que supervisa la producción de cachaza a nivel nacional, estatal y municipal— solo dispone de veintisiete personas para verificar la producción de destilados, cerveza, vino y sodas en el país (permíteme repetirlo: ¡veintisiete personas para todo Brasil!), y tienes todo lo necesario para el florecimiento de un basto mercado negro.

En Brasil, los destiladores también preparan su bebida nacional con el jugo fresco de la caña fermentado. Lo llaman *cachaça*, palabra portuguesa que significa la espuma que produce el jugo de caña de azúcar al hervir. (También se le conoce por muchos nombres provincianos y maravillosos, entre ellos *pinga* [que gotea], *malvada*, *água-benta* [agua bendita] y *assovio-de-cobra* [silbido de cobra]). Originalmente, la cachaza se obtenía directamente del jugo de caña porque los productores brasileños de caña de azucar lo tenían en abundancia. Brasil tenía, y aún tiene, las mayores extensiones de tierra en el mundo para cultivar caña de azúcar, así que los destiladores contaban con más que suficiente jugo para producir ambas: azúcar y cachaza. A mediados de la década de 1960 se estableció por ley que solo debía usarse jugo fresco para destilar cachaza, y así ha sido desde entonces.

Tanto con el ron agrícola como con la cachaza, la fermentación empieza de manera inmediata después de que se prensa la caña para extraerle el jugo. Debido a que no existe ningún otro paso intermedio de refinamiento entre la planta y la obtención del licor, esta clase de rones posee los más fieles sabores y *terroir* de la caña de azúcar: beberlos es como morder la caña misma.

En cambio, con los rones hechos con jarabe de caña y melaza —es decir, con todas las demás clases de rones— se deben hacer otras cosas primero. La melaza y el jarabe no suelen tener suficiente contenido de agua (esto significa que su concentración de azúcar es muy elevada) para crear un ambiente consistentemente ideal para la fermentación, cosa que en otros contextos es algo bueno, ya que les da un mayor tiempo de vida de anaquel, por ejemplo. En el caso de muchos destilados de caña, se añade levadura a la mezcla para iniciar (y controlar) la fermentación, pero en algunos casos se permite que la levadura en el ambiente inicie el proceso por su cuenta. En algunos rones, la fermentación se realiza por un periodo de tiempo corto, para evitar los esteres, es decir, los fuertes sabores que imparte la fermentación. En cambio, algunos rones tradicionalmente audaces y fuertes, como los de Jamaica, incorporan tiempos más largos de fermentación para intensificar estos sabores.

En cualquier caso, la mezcla fermentada —cuyo aroma puede variar desde el más delicioso hasta el más untuoso, por lo general con toques de manzana o plátano— se conoce como *mosto*, *must* o *vin*, dependiendo del idioma del productor. Al concluir el tiempo de fermentación, esta está lista para destilarse.

UNA NOTA SOBRE EL CLAIRIN... Y ALGUNOS OTROS AGUARDIENTES DE CAÑA MENOS CONOCIDOS

Hoy en día, en todo el Caribe solo unas cuantas docenas de destilerías legalmente reconocidas producen ron... lo que representa una tremenda caída en comparación con los días de gloria de este destilado. De modo que, cuando visité Haití para aprender sobre el aguardiente de caña local, el clairin, me sorprendió saber que en el país operan más de seiscientas destilerías. Como sucede con las múltiples cachazas no reconocidas legalmente en Brasil, o con los mezcales no regulados de Oaxaca, estas destilerías suelen ser pequeños negocios semiclandestinos, con métodos muy rudimentarios. Obtienen su destilado del jugo de caña cosechada a mano, y algunos usan alambiques estilo criollo francés, si bien otros utilizan los alambiques de metal más locos que he visto. En cualquier caso, lo que hacen es tan hermoso como su país, y es absolutamente delicioso.

El clairin es uno de los numerosos destilados de caña que se producen de manera "escondida" en América Latina: se trata de aguardientes que, al no tener una DO, o al no cumplir con las DO existentes, resultan desconocidos para el resto del mundo. Por suerte, en el caso del clairin Luca Gargano, un especialista italiano en ron, dueño del distribuidor global Velier, decidió introducir este maravilloso producto en el mercado global. Pero hay muchos otros grandes aguardientes de caña —hechos tanto con jugo fresco como con melaza, y casi nunca añejos— en Oaxaca (¡hola, Paranubes!), Michoacán (prueba la charanda, un destilado de caña mexicano protegido por una DO), Guatemala, Perú... y la lista sigue. Dondequiera que haya exhuberantes territorios tropicales, seguramente se cultiva caña de azúcar, y si alguna vez visitas la región es posible que encuentres un destilado local interesante justo frente a tus narices.

Tinas de fermentación de madera en Hampden Estate, una destilería famosa por su ron sumamente aromático. Falmouth, Jamaica.

ESTILO *DUNDER*

Los que pertenecemos a la industria coctelera tenemos una atracción por los sabores intensos, por sensaciones de constrastes complejos, por los esteres elevados... en una palabra, por el aroma. Y no hay ron más aromático que algunos destilados especiales, producidos en alambique de olla, que se hacen en Jamaica bajo el nombre *"Dunder* style" (estilo *dunder*).

El ron estilo *dunder* se fermenta casi como el pan de masa madre: se emplea un "cultivo" de fermentación para reactivar cada tanda. En este caso, sin embargo, el cultivo es un "pozo *dunder*". Usualmente se trata de un pozo lleno de melaza, agua, vinagre de caña... y otras cosas.

Con relación a estos existe toda clase de leyendas. Se dice que hay gente que les avienta cosas horribles —heces humanas y animales muertos, entre otras—, siguiendo, dicen, una tradición que surgió para evitar que los esclavos se bebieran la mezcla destinada a la destilación, o para estimular la fermentación. En realidad, la sustancia más repugnante que va a dar a un pozo *dunder* es el subproducto duro y semitóxico del alambique que llamamos vinaza, una especie de lodo altamente ácido, que le imprime al cultivo toda clase de sabores y aromas interesantes.

El resultado es muy aromático: se trata de, realmente, los rones con más esteres del mundo. Como referencia, la mayoría de los rones blancos que sirve tu cantinero local tiene cifras de esteres menores a 50 gramos por hectolitro de alcohol puro (g/hl). Los rones con más esteres en Jamaica generalmente tienen un máximo de 500 g/hl, ¡y pueden tener hasta un máximo legal de 1,600 g/hl! En mi visita al idílico Hampden Estate, probé rones con un conteo de esteres cercano a 2,000 g/hl, ¡y me dijeron que el conteo podía llegar hasta 7,000! Los rones con sabores de tal intensidad no suelen usarse para beber, sino como concentrados para dar sabor a los helados o aroma a los perfumes. En lo personal, me encanta (¡entre más aroma, mejor!), así que me traje algunos a casa para ocasiones especiales. En Leyenda usamos Rum Fire de Hampden Estate en aspersores para darles un toque de sabor a las bebidas que lo necesiten.

UN TOQUE DE ESPECIAS

Incluso la amplia y rebelde categoría de los rones al final choca con un límite. Muchos entusiastas del ron excluyen el ron especiado de su lista de rones considerados reales. Antes de viajar al Caribe, yo era una de ellos; me parecía que el ron especiado era un jarabe demasiado dulce, de bajo contenido alcohólico, más parecido a un licor especiado que a un ron. ¿Resaca en una botella? No, gracias.

Después de visitar algunos de los lugares donde se originó el ron especiado, en los que sigue siendo popular —particularmente Santa Lucía y Haití, ambos famosos por sus elíxires especiados—, sigo sin ser fanática de estos en términos de sabor, pero ya no puedo disputar su autenticidad. El ron especiado se remonta casi hasta los orígenes del ron mismo en el Caribe, donde surgió como bebida medicinal; era una manera de preservar las hierbas y especias que se usaban para preparar remedios contra cualquier cosa, desde el dolor de cabeza hasta un corazón roto.

El ron especiado suele hacerse con destilados de mayor graduación alcohólica, por lo general utilizadas en infusiones. En Santa Lucía sigue siendo popular preparar y beber el tuyo; St. Lucia Distillers produce una marca de ron no añejo de alta graduación alcohólica para la preparación de tinturas locales, y parece que casi todas las tiendas y hogares tienen su propia receta. Después de visitar Santa Lucía, terminé asumiendo el ron especiado como un cóctel en sí mismo, e intenté crear algunas bebidas con él. Prefiero los rones especiados que no sean dulces, pero intenta hacer una infusión tú mismo con distintas especias y luego prepara un Daiquirí sencillo. El resultado puede ser delicioso y maravillosamente diverso.

Hoy en día, se utilizan alambiques de olla y de columna de casi cualquier variedad y tamaño para la producción de rones. Algunos alambiques más especializados también son de uso común, incluyendo los de doble retorta, que se usan para ciertos rones de estilo inglés, y el "criollo de columna", que se usa para destilar ron agrícola, y que tiene placas en forma de campana en el interior de la columna para controlar la forma en que el vapor se eleva e interactúa con el líquido fermentado que va cayendo. La gran mayoría de los rones que se producen en el mundo han sido fabricados con tecnología de ambos alambiques, de olla y de columna, para mejorar su sabor, rentabilidad y consistencia.

Los destilados de caña de azúcar muchas veces se añejan antes de la destilación. De hecho, añejar en barrica (ya sea de manera intencional o involuntaria) ha sido una parte inextricable de la fabricación de ron desde los inicios, cuando este era enviado en barriles a través del océano, de América a Europa, y cuando los marineros (¡y los piratas!) se abastecían de este para sus viajes a ultramar. Su largo almacenamiento en barriles, como pronto descubrieron hombres de mar y comerciantes, trajo como beneficio añadido el convertir un destilado blanco, ardiente y rara vez degustable en algo muy distinto y, de hecho, apetitoso.

Desde entonces, la mayoría de los rones (en especial los exportados desde sus países de origen) se sigue añejando como parte de su identidad, y los hombres y mujeres que supervisan las barricas a lo largo de los años de añejamiento, y mezclan su contenido para obtener una máxima consistencia, han llegado a adquirir una gran maestría.

Se puede añejar de varias formas, usando diferentes maderas. Como sucede con varios destilados, se suelen utilizar barriles de whiskey estadounidense viejos, porque están disponibles; en cuanto a los rones estilo francés, se utiliza mucho el roble europeo. La cachaza introdujo *muchas* otras maderas.

La forma más sencilla de añejar es la vieja práctica de un barril a la vez, con barriles más grandes o más pequeños para conferir distintos tonos amaderados al licor. Debe anotarse, sin embargo, que en el trópico los procesos de añejamiento tienen lugar como promedio tres veces más rápidamente que en climas más fríos, y es mucho lo que se pierde por evaporación de cada barril. Entre más vacío esté el barril, más caliente será el aire en su interior y el destilado se evaporará con mayor rapidez, así que los degustadores de destilados en el trópico han encontrado formas de mantener llenos sus barriles. El proceso de añejamiento de la solera, por ejemplo, involucra mover pequeñas partes de ron blanco de barriles más jóvenes a otros cada vez más viejos, lo que produce un ron añejo que contiene rastras de destilados tan viejos como la solera misma. En Martinica y Jamaica emplean un proceso de añejamiento llamado *oeillage*, en el que una vez al año unen el contenido de las barricas que se ha ido evaporando, rellenando luego las que quedan vacías con destilado crudo, para empezar el proceso de nuevo.

Alambiques de columna de cobre en Rhum J.M. Macouba, Martinica.

En Cuba, el arte de mezclar y añejar se ha elevado al nivel de un principio básico en la preparación de ron. Cuando visité Havana Club, Asbel Morales me explicó su elaborado proceso: en lugar de mezclar y añejar continuamente cada lote de ron a lo largo de un periodo de tiempo, se crean mezclas usando diferentes cosechas de ron añejo como materia prima, que ponen a añejar y vuelven a mezclar, a veces a través de muchos procesos por separado. Esto les permite crear rones intricados, a veces de un añejamiento en extremo largo, que conservan los sabores y aromas de varias edades, en lugar de permitir que esas sutilezas queden suprimidas por las características que les impartiría la madera de un solo barril.

Además de haberse vuelto un fetiche injustificado, como sucede con todos los destilados hoy en día, las clasificaciones de añejamiento del ron pueden ser muy confusas. Ello se debe a la falta de regulaciones que ha caracterizado la producción de este destilado desde un inicio: muchos países productores de ron, aunque pueden tener leyes estrictas con relación al uso de las clasificaciones de añejamiento en sus etiquetas, no necesariamente supervisan la aplicación de ellas, y cada país puede tener distintas leyes para definir incluso lo que significan esas categorías. Esto, junto con el hecho de que la mayoría de los rones se producen a partir de mezclas, da pie a mucha ambigüedad en el etiquetado. Algunos productores usan las categorías de edad para indicar el ron más joven de los que han sido combinados para producir el contenido de la botella (indicando que ningún ron en esa mezcla proviene de un barril más joven que la edad indicada); otros señalan con ellas el ron más añejo de la mezcla (es decir, lo opuesto: el ron más joven podría haber salido directamente del alambique, mientras que la cifra en la etiqueta podría representar un mínimo porcentaje de lo que se encuentra en la botella), y algunos otros identifican con esa cifra la edad promedio de todos los rones en la mezcla. Si a ello le sumas el hecho de que el proceso de añejamiento se realiza de forma muy diferente en los diversos climas donde se produce ron, comprenderás que la clasificación de añejamiento en las etiquetas resulta bastante irrelevante.

De hecho, la anarquía reinante hace que *cualquier* clasificación del ron sea una tarea abrumadora. A diferencia de los demás licores en este libro, es legal hacer ron en cualquier parte del mundo —este se produce en unos sesenta países—, y como en todo asunto de política internacional, los países involucrados no han sido capaces de ponerse de acuerdo. Como resultado, del mismo modo en que cualquier etiqueta puede decir que un ron tiene quince o veinte años de edad, sin informar nada sobre qué tanto del contenido de la botella tiene esa edad, o qué implica esa edad en cuanto a su sabor, una etiqueta puede describir un ron como "oscuro", "dorado" o "blanco" sin decir sobre el destilado más qué cuánto colorante de caramelo se le añadió.

Eso no quiere decir que no existan sistemas de clasificación del ron que han hecho algunos avances. El sistema Gargano —creado en 2015 por dos de los especialistas en ron más destacados del mundo, Luca Gargano, del distribuidor de destilados Velier, y Richard Seale, de Foursquare Distillery, en Barbados— es el más reciente, para muchos el intento más exitoso de clasificar el ron. Este distingue por mezcla y método de producción, contrastando los rones tradicionales de alambique con los que se hacen en plantas más modernas con múltiples alambiques de columna, y los rones mezclados con los rones que solo pasaron por una destilación. No obstante, por sensato que sea este sistema, estoy de acuerdo con los críticos que argumentan que este tiende a agrupar los rones, a veces de manera injusta, en "buenos" y "malos" a partir de su técnica de destilación, colocando en el lado bueno a los rones de alambique de olla y una sola destilación, y en el malo, a los rones destilados en alambique de columna.

> Si solo clasificas a partir de los tecnicismos, pierdes el romanticismo y la historia de lo que es el ron.
>
> —MARGARET MONPLAISIR, ST. LUCIA DISTILLERS

Los orígenes culturales, para mí, son esenciales para clasificar el ron, y el tipo de clasificación que a mí me parece más útil es quizá la que han estado usando sus consumidores durante más tiempo: tiene sentido agruparlo por estilo, a partir de sus orígenes históricos y geográficos. Con esta estructura básica, podemos dividir el ron en categorías como: de estilo inglés (destilado a partir de melaza, lo mismo en alambiques de columna como olla, de sabor intenso y fuerte), de estilo jamaiquino (derivado del inglés, en su mayoría destilado en alambique de olla a partir de melaza, pesado y muy dulce) y de estilo francés/brasileño (ambos aromáticos y herbáceos, destilados en columna y olla a partir del jugo de caña fresca). Estoy consciente de que esta clasificación no hace justicia a este último grupo. A simple vista, la producción de destilados brasileños no es de origen francés; la cachaza de hecho precede a todos los otros rones. Pero, siendo una categorización basada en el estilo, tiene sentido pensar que la cachaza es similar a los rones producidos al estilo francés.

LA MARAVILLOSA VARIEDAD
DE LAS MADERAS BRASILEÑAS

Siempre digo que prefiero los destilados no añejos, pero eso no cuenta cuando se trata de la cachaza y las múltiples maderas indígenas que los brasileños usan para añejar sus bebidas nacionales.

Cuando se empezaron a producir destilados de caña de azúcar en Brasil, cualquier producto que no se bebiera inmediatamente se añejaba en madera. Con la frondosa selva de Brasil, siempre fue mucho más fácil conseguir madera local para barricas, que barro, acero o vidrio para hacer contenedores. Y dado que estos materiales neutrales solo estuvieron ampliamente disponibles hasta después, se puede decir que la cachaza no añeja es la excepción moderna de la regla. (Incluso hoy, alrededor del 10 por ciento de la cachaza no es añeja).

Ante el arraigo de la cachaza, esta se empezó a añejar en barricas de maderas locales. Hoy en día, aproximadamente el 30 por ciento de toda la cachaza se añeja en más de treinta tipos de maderas brasileñas diferentes, cada una con perfiles únicos de sabor y aroma: desde la textura crujiente con un fuerte aroma a canela y nueces de la *amburana*, hasta la terrosa astringencia del *balsamo*.

Desafortunadamente, muchas zonas de Brasil han sufrido una tremenda deforestación, y algunas de las maderas que solían usarse para la tonelería están protegidas al ser reconocidas en peligro extinción. Conscientes de la relevancia histórica de estas maderas, algunos de los productores de cachaza más escrupulosos incluso están adoptando un rol activo en la conservación y reforestación: Novo Fogo, por ejemplo, trabaja con un arbolista para localizar árboles antiguos en la Mata Atlántica, juntar sus semillas y plantarlos en otras zonas. Este bosque ha perdido más del 85 por ciento de su extensión original, y muchos de sus árboles y animales están en peligro de extinción. Quedé encantada de participar en el esfuerzo por revertir eso.

Uno de los múltiples espacios cavernosos, cual catedrales, que se destinan para el añejamiento en Rhum Clément. Le François, Martinica.

En resumen, el sabor de los rones de una región puede variar ampliamente, así como los rones producidos de manera similar, pero provenientes de distintas zonas, pueden tener sabores parecidos. Asimismo, podríamos decir que la clasificación nacional es anticuada, e incluso prejuiciosa, en tanto que define el ron —un destilado con una complejidad cultural y racial increíble— a partir, principalmente, de su origen, relacionado con la opresión colonial europea. Por espantosa que fuera la historia de estas naciones en muchas ocasiones, la combinación de culturas que en ellas se produjo contribuye a dar sentido a las identidades de sus rones. Sus destilados son expresiones culturales auténticas: sus estilos reflejan por igual los aspectos positivos y negativos de su historia.

Ron, *rhum*, *cachaça*, aguardiente... los destilados de caña de azúcar son realmente un producto diverso, una mezcla emblemática de gran parte de América Latina. Intentar encasillar las definiciones y categorías que definen estos increíbles licores es difícil en el mejor de los casos, e inútil en el peor. De todos los destilados del mundo, estos son los que mejor representan lo vasta y variada que puede ser la humanidad. Los países de donde provienen son más que hoteles "todo incluido" y paraísos donde tomar el sol con una Piña Colada en la playa; muy a menudo, sus historias contienen algunos de los periodos más crueles en toda la existencia de nuestra especie, y algunos de los triunfos más impactantes frente a esa crueldad. Pero lo mismo en época de revoluciones y guerras que de paz y abundancia, en la pobreza o la riqueza, la tristeza o la celebración, los destilados de caña son una manifestación bebible de diversidad cultural.

ESTILOS DE RON

ESTILO FRANCÉS. Los franceses optaron por usar el jugo fresco de la caña de azúcar para sus destilados. Por lo general, se destila en alambiques de columna, aunque también se utilizan alambiques de olla. Este líquido herbáceo se conoce comúnmente como ron agrícola.

CACHAZA BRASILEÑA. Al igual que los franceses, los brasileños producen su ron a partir del jugo fermentado de la caña, en lugar de la melaza. Se hace en alambiques de columna y de olla, y el destilado debe por ley embotellarse con una graduación alcohólica de entre 38 y 48 por ciento, mientras que su primo, el ron agrícola, puede tener hasta 110 grados de alcohol.

ESTILO INGLÉS. Los ingleses fueron los primeros en convertir sus subproductos de azúcar en ron. Este estilo de ron, producido a partir de melaza o azúcar demerara, es el más viejo entre los tradicionales. Tiende a ser de cuerpo pesado y profundo, con muchos matices de sabor y aroma. Tradicionalmente destilado en alambiques de olla, en la actualidad cada vez más se produce en alambiques de columna, y puede luego añejarse o no. Lo que verdaderamente distingue al ron estilo inglés es la mezcla de diferentes alambiques y técnicas. Antiguamente, este era un ron puritano, de alta graduación alcohólica, pero ahora se hace un poco más ligero y menos intenso.

ESTILO JAMAIQUINO. Derivado del estilo inglés y conocido por su alto contenido de esteres, este ron se hace con melaza, y muchas veces se aplican métodos lentos de fermentación para añadir más aroma. Un ejemplo característico es el llamado estilo *dunder*, mientras que otros son más ligeros. Se destila en alambiques de olla y de columna, y se mezcla al estilo inglés.

ESTILO ESPAÑOL. Es un destilado de melaza, por lo general más eficiente. Este ron es refinado, ligero y con menos aroma. Destilado en columna, filtrado con carbón y añejado en barrica, el ron estilo español es el más conocido entre los estadounidenses desde los tiempos de la ley seca, y cada vez se imita más en el mundo. La mayoría de las grandes marcas imitan este estilo de ron ligero, en ocasiones produciendo un destilado de azúcar parecido al vodka, con muy poco sabor.

Un trabajador rebana un tallo de caña, y lo come como refrigerio al mediodía. Nueva Paz, Cuba.

MOJITO

8-10 hojas de menta

¾ de onza de jarabe natural
(página 248)

¾ de onza de jugo de
limón verde

2 onzas de ron Havana
Club 3 años (o ron Banks,
o Plantation 3 Stars)

1 onza de agua mineral
carbonatada

1 ramita de menta,
para decorar

Cuando estuve en La Habana, decidí tomar un mojito en
cada bar que visitara. (¡Era fantástica la manera en que me
refrescaban cuando caminaba por la pintoresca ciudad!).
Pero quizá mi recuerdo favorito sea cuando me pidieron
pasar atrás de la barra en el famoso Hotel Nacional, para
improvisar un poco para algunos cantineros que estaban de
visita. Ese era el bar preferido por muchos de los famosos
que visitaron el país en su apogeo; las paredes están
decoradas con fotografías de Ernest Hemingway, Jimmy
Carter, Ava Gardner y muchos otros. Fue como retroceder
en el tiempo para preprar uno de los cócteles más icónicos
del mundo.

La bebida es una de las peores pesadillas de los cantineros,
en especial cuando están ocupados, pero a mí me da mucho
placer prepararla: hermosa, deliciosa y refrescante. Si no
puedes conseguir Havana Club, intenta prepararlo con Banks
o Plantation 3 Stars.

**Machaca las hojas de menta y el jarabe natural en el fondo
de un vaso Collins. Agrega el jugo de limón y el ron, y llena la
mitad del vaso con hielo picado o triturado, asegurándote de
que la menta se quede bien acomodada en el fondo. Remueve
el hielo con una cuchara hasta que el vaso se enfríe. Añade el
agua mineral, y termina con más hielo. Decora con la ramita
de menta.**

CAIPIRIÑA

½ limón verde, cortado en cuartos

1 cucharadita de azúcar extrafino

2 onzas de Silver Cachaça Novo Fogo

Este es uno de los casos en que (por lo menos fuera de Brasil) el cóctel se conoce más que el destilado que contiene. Este clásico latino se dio a conocer como medicina contra la influenza, y la receta original contenía cachaza, limón verde, miel de abeja... y ajo. En algún momento, alguien brillante decidió eliminar el ajo y reemplazar la miel con azúcar; el resto es una historia mucho más deliciosa.

Puedes probarla en casi cualquier bar o restaurante. Es un cóctel que me gusta agitar fuerte para exprimir más el sabor de los aceites del limón.

Añade los cuartos de limón y el azúcar a una coctelera, y machácalos con fuerza. Agrega hielo y la cachaza. Agita fuertemente y sirve el contenido en un vaso bajo. No decores.

MAI TAI

1 onza de ron jamaiquino
Appleton Reserve

½ onza de ron jamaiquino
Smith & Cross

½ onza de ron
Clément VSOP

½ onza de curasao
Pierre Ferrand

½ onza de jarabe de
almendras tostadas
T'Orgeat de Orgeat Works

¾ de onza de jugo de
limón verde

Caña de azúcar, para
decorar (opcional)

Orquídea comestible,
para decorar (opcional)

Ramita de menta,
para decorar

Rodaja de limón verde,
para decorar

El Mai Tai es uno de los cócteles exóticos clásicos a base de ron más fantásticos —y más mal preparados— que existen. El icónico Trader Vic lo hizo famoso en 1944 (o eso dicen), en su epónimo paraíso coctelero de Oakland. Esta bebida, cuyo nombre significa "el mejor" en tahitiano, hoy se vende en bares y clubes de playa desde Honolulu hasta Cancún, en distintas versiones que en nada se parecen a la preparación original.

Una cosa es cierta: esta receta requiere ron de Jamaica. Para esta receta, me inspiré en una idea de mi mentora y socia, la reina de la coctelería Julie Reiner, y completé con un poco de ron de Martinica para darle más sabor floral.

Vierte todos los ingredientes, excepto la caña de azúcar, la orquídea, la ramita de menta y la rodaja de limón, en una coctelera con hielo. Agita brevemente y vierte el contenido en un vaso bajo de boca ancha, sobre hielo picado o triturado. Por tradición, se decora con caña de azúcar y una orquídea comestible, así que ten la libertad de incluirlos si te sientes particularmente tropical. De lo contrario, solo decora con una rama de menta y una rodaja de limón dentro del vaso.

JUNGLE SLOW CRUISE

1 onza de ron Appleton Reserve

¾ de coñac Pierre Ferrand

¼ de onza de ron Overproof Wray & Nephew

¼ de ron Cruzan Black Strap

½ onza de Campari

¾ de onza de jugo de piña

½ onza de jugo de limón verde

¼ de onza de jarabe de maracuyá (página 156)

½ onza de jarabe de caña (página 247)

1 trozo y 2 hojas de piña, para decorar

Este cóctel es un homenaje al neumático que se reventó cuando intentaba llegar a la destilería Appleton, en el centro de la isla de Jamaica. Shannon Sturgis, la fotógrafa de este libro, y yo cruzábamos montañas manejando, siguiendo (estúpidamente) Google Maps, cuando fuimos a dar a uno de los "caminos" más angostos y lleno de hoyos de todos los tiempos. Con los nudillos blancos de tanto apretar el volante, doblábamos una esquina ciega (manejando en el "lado contrario" del camino, ¡imagínate!) cuando caí en un bache y casi nos despeñamos por el pronunciado desfiladero de la montaña tropical. El neumático de repuesto provisto por Avis estaba desinflado, así que Shannon y yo hicimos un viaje de dos horas con una agradable familia a través de la selva jamaiquina, intentando encontrar otro repuesto. Por fin le compramos el neumático más liso que he visto a un hombre que me hizo escribir mi propio recibo en una hoja de calendario de 1967. Este es el cóctel que se nos antojó al final de la aventura. Está inspirado en la versión que Ryan Liloia, cantinero de Leyenda, hizo del clásico Jungle Bird: alto, tropical, ligeramente amargo y refrescante.

Coloca todos los ingredientes, excepto el trozo y las hojas de piña, en una coctelera con hielo. Agita brevemente y vierte el líquido en un vaso Collins con hielo picado o triturado. Decora el costado del vaso con el trozo de piña y las hojas.

QUITE RIGHTLY

2 rebanadas de pimiento morrón amarillo, de 1 pulgada de ancho

1 onza de Rhum J.M. blanco

¾ de onza de ron Chairman's Reserve

½ onza de Verjus Wölffer Estate

½ onza de Chartreuse amarillo

½ cucharadita de Crème de Pêche Giffard

3 gotas de Orchard Street Celery Shrub Bittermens

1 gota de tintura salina (página 249)

1 rebanada fina de pepino, cortada a lo largo, para decorar

Santa Lucía tiene una historia colonial única. Cercana a la Martinica francesa y el Barbados por entonces británico, ambos poderes se disputaron la isla cuando estaban en guerra entre ellos, cambiando esta de manos *catorce* veces, antes de obtener su independencia en 1979. El ir y venir de esa influencia cultural entre Inglaterra y Francia no solo es literalmente visible en Santa Lucía —los edificios más viejos se construyeron en estilos alternados franceses e ingleses—, también se puede percibir en el ron que allí se produce, el cual enfatiza la experimentación y la variedad.

Una mañana, durante una visita a Santa Lucía, desperté algo mareada después de una noche bailando y bebiendo terribles ponches de ron en el Jump Up, una fiesta semanal que se celebra los viernes. Aturdida, caminé hasta la playa con Ben Jones, de Spiribam, mi guía en el viaje, para nadar en el hermoso océano y quitarnos la resaca. Desde nuestra idílica poza alcanzábamos a ver Martinica. Este cóctel, que incorpora una mezcla de rones de Santa Lucía y Martinica, conmemora esa magnífica mañana y esa interesante unión.

Machaca las rebanadas de pimiento morrón amarillo en el fondo de una jarra mezcladora. Agrega hielo y los demás ingredientes, excepto el pepino, y revuelve. Vierte el líquido en una copa Nick & Nora. Decora con la rebanada de pepino enroscada en el interior.

MAIDEN NAME

2 onzas de Cachaça
Prata Avuá

½ onza de jugo de
limón verde

½ onza de leche de coco

¾ de onza de jarabe de
vainilla (página 248)

¼ de onza de jarabe de
canela (página 247)

¼ de onza de jarabe de
maracuyá (receta abajo)

Nuez moscada recién
rallada, para decorar

2 hojas de piña,
para decorar

1 orquídea comestible,
para decorar (opcional)

Me encantan las piñas coladas, y podría tomar este trago
durante todo el día, todos los días, a cualquier día. Al
preparar esta variante, quise amplificar un poco la receta
básica. En lugar de usar un ron ligero que no le aporte
mucho a la grasa del coco, usé una cachaza con más sabor.
También decidí dejar fuera la piña y, en cambio, obtener
notas afrutadas con el maracuyá.

**Licúa todos los ingredientes (excepto la nuez moscada, las
hojas de piña y la orquídea) con 1 taza de hielo, hasta integrar
por completo y obtener una consistencia suave. Vierte el cóctel
en un vaso tiki o un vaso Collins. Decora con las hojas de piña
y la orquídea (si la usas) dentro del vaso, y ralla nuez moscada
encima.**

JARABE DE MARACUYÁ

3 onzas de puré de   1 onza de azúcar extrafino
maracuyá Perfect Purée

RINDE 4 ONZAS • Licua los ingredientes hasta que se disuelvan
e integren por completo. Embotella el jarabe y guárdalo
refrigerado hasta por 1 mes.

TI PUNCH

2 rodajas de limón verde (cortadas de modo que tengan poca masa, pero mucha piel, para un toque amargo)

1 cucharadita de jarabe de caña Rhum J.M.

2 onzas de Blanc 55 Rhum J.M.

Originalmente, los trabajadores del campo en el Caribe francés bebían este clásico cóctel de ron para tener fuerza durante la jornada. Ahora, en cambio, cada quien en las Indias Occidentales francesas lo prepara a su manera, y existen opiniones encontradas sobre cómo debería hacerse. Cuando estuve en Martinica, pregunté por qué había tantas formas distintas de preparar esta bebida. Me dijeron por respuesta la famosa expresión, *Chacun prepare sa propre mort* (Cada quien prepara su propia muerte)... ¡y fue suficiente para mí! Ya sea que utilices azúcar granulada o jarabe, hielo o no, ron blanco o añejo, la mezcla es tuya y está en ti crearla. Yo prefiero mi Ti Punch con un poco de azúcar y un poco de hielo.

Exprime las rodajas de limón verde en un vaso bajo con algunos pedazos de hielo troceado a mano, y luego agrega el jarabe y el ron. Revuelve ligeramente para enfriar e integrar, y sirve.

RUM POPO

2 onzas de ron 21 Años
Appleton Estate

1 limón agrio cortado
a la mitad

La primera bebida que aprendí a preparar fue un Rum Popo que le hice a mi mamá tan pronto se sintió cómoda con que mi hermana o yo manipuláramos un cuchillo. En aquel entonces, cada vez que salíamos de vacaciones mi madre compraba algunas botellas de ron Appleton (un clásico de siempre), y tras pasarnos el día en la playa (o dondequiera que estuviéramos) nos pedía que le preparáramos un Popo.

Similar al Ti Punch (página opuesta) (y no es que mi mamá supiera qué era eso), esta sencilla bebida se llama igual que un perro suyo —Malcolm X John Lennon, o Popo para abreviar— que murió antes de que yo naciera.

Ella es prueba de que, si el destilado de base es bueno, no necesitas mucho para preparar un cóctel.

Agrega ron a un vaso bajo con hielo, exprime las mitades de limón y revuelve para diluir antes de servir.

FLIP YOUR TRADE

1 huevo entero

1 onza de ron reserva especial 15 Años El Dorado

½ onza de whiskey escocés 12 Year Double Cask The Macallan

½ onza de jerez Pedro Ximénez El Maestro Sierra

½ onza de Caffè Amaro J. Rieger & Co.

¼ de onza de ron jamaiquino Pure Single Hampden Estate

½ onza de jarabe de caña (página 247)

4 gotas de amargo aromático de la casa (página 246)

Nuez moscada recién rallada, para decorar

3 granos de café, para decorar

Cuando me propuse crear este cóctel, quería vincularlo conceptualmente a las rutas de comercio de los primeros viajes entre el "Viejo Mundo" y el "Nuevo Mundo". Sin embargo, terminé (un tanto sorprendida) creando una variación del histórico cóctel Flip, una bebida cuya receta data de los años de la Ley Seca e incluye —sí— un huevo entero. Este cóctel, parecido al eggnog, es un excelente digestivo. Y una aventura exquisita y plena.

Rompe el huevo en una coctelera y desecha el cascarón. Agrega los demás ingredientes, excepto la nuez moscada y los granos de café, y agita para batir y emulsionar el huevo. Añade hielo, agita y vierte con cuidado el líquido en una copa champañera baja. Decora con la nuez moscada, y acomoda los granos de café flotando encima.

FEELINGS CATCHER

¾ de onza de bourbon
Elijah Craig

¾ de onza de brandy solera
reserva Lustau

½ onza de ron Coruba

½ onza de jugo de limón
amarillo

½ onza de jarabe de
guayaba (receta abajo)

¾ de onza de mezcla de
Donn (receta abajo)

5-6 gotas de amargo
Peychaud's

1 ramita de menta, para
decorar

Jamaica es una isla realmente hermosa, con mucho más de lo que sugieren los hoteles "todo incluido" de Negril y Montego Bay. En mi juventud, se puede decir que el único lugar que conocí, además de Green Mountains, en Vermont, fueron las Blue Mountains en la costa noreste de Jamaica, en Portland Parish, lejos de los cruceros y sus pasajeros bronceados. Mis padres, que trabajaban todo el año, solían escapar allí varias semanas con mi hermana gemela y conmigo cuando éramos pequeñas, que hoy suman a los años que he pasado en ese país. Lena, la mujer que ayudó a criarnos, me dio a probar algunos de los primeros alimentos que conocí de esta isla tropical, incluyendo la guayaba.

Esta bebida, de inspiración tiki, se basa en las notas tropicales que los destilados añejos extraen de las barricas. El bourbon se lleva muy bien con el brandy y con la riqueza y distinción del ron jamaiquino. La guayaba, en cambio, vincula el ron con los demás ingredientes.

Coloca todos los ingredientes, excepto el amargo y la ramita de menta, en una coctelera con hielo. Agita brevemente y sirve en un vaso Pilsner o Collins, sobre hielo picado o triturado. Coloca el amargo encima, y decora con la ramita de menta.

JARABE DE GUAYABA

4 onzas de puré de
guayaba rosada
Perfect Purée

4 onzas de azúcar
extrafino

RINDE 7 ONZAS • Licúa los ingredientes hasta que se integren y se disuelva el azúcar. Pasa a un contenedor hermético. Puedes guardarlo refrigerado hasta por 1 mes.

MEZCLA DE DONN

2 onzas de jugo de
pomelo

1 onza de jarabe de
canela (página 247)

RINDE 3 ONZAS • Revuelve los ingredientes en un vaso, hasta incorporar por completo. Guárdalo refrigerado hasta por 4 días.

STIR KEY

1 onza de ron Smith & Cross

½ onza de ron Goslings

½ onza de ron Cruzan Black Strap

¼ de onza de jarabe de horchata de macadamia Orgeat Works

2 gotas de amargo aromático de la casa (página 246)

1 cáscara de naranja, para decorar

Camper English, un escritor sobre coctelería de San Francisco, entró al bar donde estaba trabajando un día, hace más o menos una década, y pidió algo "revuelto y turbio". Mi cabeza se inclinó de inmediato por el ron, junto con algunos de los sabores más densos que podía imaginar. El ron es una bebida tradicionalmente muy mezclada. Algunos comerciantes compran ron de cualquier lugar del mundo y de diversas destilerías, lo mezclan y embotellan el líquido resultante como nuevo, olvidándose por completo del proceso laborioso de fermentación y destilación. A mí me gusta hacer mis propias mezclas en los cócteles. En este, Stir Key, el aroma del Smith & Cross se ensucia (¡de buena manera!) con la fuerza del Black Strap y el Goslings. La cáscara de naranja lo realza justo lo necesario.

Coloca todos los ingredientes, excepto la cáscara de naranja, en una jarra mezcladora con hielo, y revuelve. Vierte en un vaso bajo, sobre un cubo grande de hielo. Exprime los aceites de la cáscara de naranja encima, y colócala en el interior del vaso.

SHADOW BOXER

1½ onzas de Cachaça Yaguara

¾ de onza de Campari

¾ de onza de vermut seco Dolin

¼ de onza de Apricot Eau-de-Vie Blume Marillen

¼ de onza de licor Pamplemousse Giffard

1 cáscara de naranja, para decorar

Este cóctel empezó siendo otra variación del Negroni, pero terminó siendo algo propio y un elemento básico del menú de Leyenda. La cachaza que elegí es una mezcla de Silver no añejada, con un toque de roble europeo, la cual combina muy bien con la dulzura amarga del Campari. El vermut seco se acopla al *eau de vie* de chabacano para destacar todavía más el toque frutal de la cachaza, mientras que el licor de pomelo le devuelve al conjunto el tono cítrico del Campari.

Coloca todos los ingredientes, excepto la cáscara de naranja, en una jarra mezcladora y revuelve. Vierte en un vaso bajo, sobre un cubo de hielo grande. Exprime los aceites de la cáscara de naranja encima y déjala en el interior del vaso.

KINGDOM COME

1½ onzas de ron agrícola de prueba 110 Damoiseau

½ onza de aperitivo Cappelletti

¾ de onza de jugo de limón verde

1¼ onzas de jarabe de sandía (página 95)

Sal picante (receta abajo)

1 cáscara de limón verde

Se trata de un Daiquirí de sandía, con una nota de vigor. Decidí usar un ron agrícola de las islas de Guadalupe, en las Indias Occidentales francesas, para darle ciertas notas alcohólicas y ligeramente vegetales y minerales al jarabe de sandía que uso. El amargo italiano de vino le da el toque final a la bebida.

El Damoiseau es una botella clásica común en la barra de las cantinas a lo largo de las hermosas playas de Guadalupe. En la mayoría de las Indias Occidentales, como es el caso de Wray & Nephew en Jamaica, los destilados de alta graduación alcohólica se roban el *show*. Cuando finalmente pude adquirirlo en Estados Unidos, me encantó poder usar el clásico guadalupano en un cóctel tan fácil de beber.

Coloca todos los ingredientes, excepto la sal picante y la cáscara de limón, en una coctelera con hielo. Moja el borde de una copa champañera baja con la cáscara de limón, y pásalo por la sal picante. Agita el cóctel y viértelo con cuidado en la copa. Exprime los aceites de la cáscara de limón sobre la copa, y luego deséchala.

SAL PICANTE

2 cucharadas de azúcar extrafino

1 cucharada de pimienta roja molida

1 cucharada de sal

RINDE 4 CUCHARADAS • En un tazón, mezcla el azúcar, la pimienta roja y la sal hasta integrar. Guárdala indefinidamente en un frasco hermético, en un lugar seco y fresco.

DESDE SIEMPRE

1½ onzas de aguardiente mexicano charanda Uruapan

¾ de onza de brandy de mango Rhine Hall

½ onza de *eau de vie* de zanahoria Reisetbauer

½ cucharadita de jarabe de caña (página 247)

2 gotas de tintura salina (página 249)

1 cáscara de limón verde, para decorar

La charanda es un aguardiente de caña de azúcar proveniente del exhuberante microclima de Michoacán, en México. Resulta que la tierra de algunos de los mejores mezcales de México ¡también tiene suelos magníficos para la caña de azúcar! El nombre de Uruapan, ciudad donde surgió la charanda, significa en el idioma de los nativos de la zona "la tierra de la eterna primavera" o "donde los árboles siempre florecen", y así es ese lugar. Esta pintoresca ciudad en nada se parece a los vastos desiertos del norte; localizada junto al río Cupatitzio, las abundantes pozas de este son el lugar perfecto para beber el maravilloso destilado, si tienes la oportunidad.

La charanda se hace del jugo fresco de la caña de azúcar, así que contiene un poco de ese sabor oleoso residual y fuertes notas de frutos otoñales que encuentras en algunos rones agrícolas y cachazas. En esta ocasión quise dejar que el ron se sostuviera por sí solo, así que usé el brandy de mango para resaltar sus notas afrutadas y el *eau de vie* de zanahoria para enfatizar su ligero sabor terroso.

Coloca todos los ingredientes, excepto la cáscara de limón, en una jarra mezcladora con hielo y revuelve. Vierte sobre un cubo de hielo grande en un vaso bajo. Exprime los aceites de la cáscara de limón encima del vaso, y coloca esta sobre el borde.

PANCHO PERICO

1 pedazo de hoja de plátano, para decorar

1¼ onzas de ron agrícola blanco Duquesne

¾ de bourbon Elijah Craig

½ onza de jerez Manzanilla La Guita

1¼ onzas de jarabe de poblano (receta abajo)

½ onza de jugo de piña

¾ de onza de jugo de limón verde

1 rodaja de limón verde, para decorar

Esta bebida, creada por Shannon Ponche, de Leyenda, es un monumento alto y ligeramente picante. Por tradición, adornamos con una hoja de plátano para crear un efecto visual, pero no es necesaria. Su color verde brillante habla por sí mismo.

El cóctel ha introducido a muchos en el consumo del ron agrícola. Si te sentías excéptico sobre su delicioso sabor, prepara esta receta para que cambies de opinión.

Enrosca la hoja de plátano en un vaso Collins, y añade hielo triturado o picado. Coloca los demás ingredientes, excepto la rodaja de limón, en una coctelera con hielo. Agita brevemente y vierte en el vaso. Termina con más hielo y decora con la rodaja de limón.

JARABE DE POBLANO

8 chiles poblanos sin tallo, pero con semillas

1 taza de néctar de agave

RINDE 3 TAZAS • Con un extractor de jugos, procesa los poblanos para obtener 2 tazas de jugo aproximadamente. Licua este jugo con el néctar de agave, hasta integrar por completo. Embotéllalo y guárdalo refrigerado hasta por 2 semanas.

BACK AT YA

½ limón verde, cortado en cuartos

¼ de onza de jarabe de caña (página 247)

½ onza de Cachaça Bálsamo Avuá

1 onza de Aperol

½ onza de Cachaça Yaguara

½ onza de jugo de piña

4-5 rocíos de tintura de sándalo (receta abajo)

La inspiración para esta bebida surgió en un viaje a Brasil, en el que planeaba aprender sobre las diversas maderas locales que se usan para añejar la cachaza. Visité el pueblo de Ivoti, en Río Grande del Sur, el cual resulta increíblemente pintoresco, pero (para mí) bastante extraño. Habitado casi enteramente por descendientes de alemanes, el pueblo parece más Bavaria que Brasil. Este es un país inmenso y maravillosamente diverso, y el pueblo de brasileños rubios que hablan alemán ¡es un buen ejemplo!

No es nada sorprendente que en Ivoti lleven la precisión alemana a su cachaza. Ahí visité la destilería de Weber Haus, hogar de la Cachaça Yaguarsa, y después de probar algunos destilados maravillosos, añejados en madera de abeto balsámico, decidí que intentaría preparar una Caipiriña amplificada cuando volviera a casa.

Muele los cuartos de limón con el jarabe de caña en una coctelera. Agrega la cachaza y el Aperol, agita con fuerza y vierte junto jarabe de piña en un vaso bajo (sin hielo). Con un atomizador, rocía la tintura de sándalo encima.

TINTURA DE SÁNDALO

6 gotas de aceite de sándalo

8 onzas de Spirytus Rektyfikowany Polmos

RINDE 8 ONZAS • Licua el aceite de sándalo y el Spirytus durante 30 segundos a velocidad alta. Guarda la tintura indefinidamente en un frasco hermético, en un lugar seco y fresco.

CHILLER INSTINCT

2 onzas de bourbon
US*1 Michter's

½ onza de jerez East India
Solera Lustau

1 cucharadita de Crème de
Fruit de la Passion Giffard

1 cucharadita de jarabe
de canela (página 247)

1 cucharadita de Licor 43

1 cáscara de limón amarillo,
para decorar

Ryan Liloia creó esta variación del tradicional Old Fashioned para Leyenda. El maracuyá suele reservarse para bebidas coloridas y tropicales que tomamos a la orilla de la alberca, pero en este cóctel lo mezcló maravillosamente con las notas de vainilla del Licor 43, la canela y el jerez. Es una celebración del bourbon, pero a la manera tropicalizada de Leyenda, poco convencional.

Coloca todos los ingredientes, excepto la cáscara de limón, en una jarra mezcladora con hielo, y revuelve. Vierte en un vaso bajo, sobre un cubo de hielo grande. Exprime los aceites de la cáscara de limón encima y acomódala en el interior.

BROOKLYN BURRO

2 onzas de ron blanco
Plantation 3 Stars

½ onza de jugo de
limón verde

½ onza de jugo de piña

½ onza de jarabe de
jengibre (receta abajo)

2 gotas de amargo
de Angostura

1 onza de agua mineral
carbonatada

1 rodaja de limón verde,
para decorar

Jengibre caramelizado,
para decorar

Esta variación del Moscow Mule es un intento de darle un sabor latino al clásico a base de vodka. La piña y el amargo convierten el conocido cóctel en un nuevo trago. Nunca falta en el menú de Leyenda, a cuyos clientes les encanta, pero puedes cambiar los destilados para variar un poco.

Coloca todos los ingredientes, excepto el agua mineral, la rodaja de limón y el jengibre caramelizado, en una coctelera con hielo. Agita y vierte sobre más hielo, en un vaso bajo. Termina con el agua mineral y decora con la rodaja de limón y el jengibre ensartados con un palillo.

JARABE DE JENGIBRE

5 cubos de 1 pulgada de jengibre
fresco, aproximadamente

1 taza de azúcar extrafino

RINDE 6 ONZAS • En un extractor de jugos, procesa el jengibre para obtener 4 onzas (no te preocupes por pelarlo). Mezcla el jugo y el azúcar en una olla pequeña sobre fuego bajo, y revuelve hasta que el azúcar se disuelva. Retira del fuego inmediatamente, permite que se enfríe y embotella el jarabe. Puedes guardarlo refrigerado hasta por 4 semanas.

TRUTH FICTION

¾ de onza de whiskey
de centeno Rittenhouse

¾ de onza de ron
de piña Plantation

½ onza de cachaza añejada
en barrica Novo Fogo

½ onza de licor Bitter
Contratto

½ cucharadita de jarabe
de azúcar demerara
(página 247)

5-6 rocíos de tintura
de sándalo (página 172)

1 cáscara de limón amarillo

Empecé a interesarme por trabajar con sabores a madera
después de una visita a mi lugar favorito en Shoreditch,
Londres, Sager + Wilde. Tenían dos bebidas con sabor a
madera en el menú, y me enamoré perdidamente de una
de ellas (con sabor a cedro). Los aromas me recordaban un
tiempo a finales de mi adolescencia y mis tempranos veinte
años, cuando viví por toda Guatemala y otras partes de
América Latina, en el que desarrollé una intensa afición por
el catolicismo, y pasaba muchas horas en las iglesias locales.

Llegué a apreciar en particular el olor de las catedrales
—de incienso mohoso, madera tallada y libros viejos—
y quería crear una bebida inspirada en este. Con el sándalo
como punto de partida, recorrí sus distintivas notas de sabor,
y mezclé otros ingredientes que las apuntalaran.

**Mezcla todos los ingredientes, excepto la tintura de sándalo
y la cáscara de limón, en una jarra mezcladora con hielo y
revuelve. Con un atomizador, rocía la tintura en el interior
de un vaso bajo frío. Vierte el cóctel en el vaso (sin hielo,
estilo Sazerac). Exprime los aceites de la cáscara de limón,
y deséchala.**

EL VIEJUCO

1 onza de whiskey de
centeno Rittenhouse

¾ de ron añejo de
12 años El Dorado

¼ de onza de ron
Smith & Cross

¼ de onza de Crème
de Cacao Tempus Fugit

1 gota de amargo de
pimiento Dale DeGroff's

1 gota de amargo
de naranja de la casa
(página 246)

4-5 rocíos de Fernet-Branca

1 cáscara de naranja,
para decorar

La cantinera Amanda de la Nuez creó en Leyenda esta bebida
que combina su amor por el whiskey y por el ron. El centeno
le da un poco de estructura al ron estilo inglés, y el pesado
ron jamaiquino destilado en alambique de olla le aporta un
poco de cuerpo, resultando en una mezcla maravillosa. Este
cóctel, similar al Old-Fashioned, es fuerte y complejo.

**Coloca todos los ingredientes, excepto el Fernet-Branca y
la cáscara de naranja, en una jarra mezcladora con hielo, y
revuelve. Vierte en un vaso bajo con un cubo de hielo grande,
y añade encima el Fernet-Branca. Exprime los aceites de la
cáscara de naranja sobre el vaso, y déjala en el interior.**

LÁGRIMAS ROJAS

RINDE 4-5 CÓCTELES

10 onzas de vino
tinto Malbec

3¾ onzas de ron Signature
Blend Appleton Estate

2½ onzas de ron
Smith & Cross

1 onza de Crème de
Cacao Tempus Fugit

¾ de onza de Allspice
Dram St. Elizabeth

2½ onzas de jarabe de arce

2½ onzas de jugo de
limón amarillo

3¾ onzas de jugo
de naranja

4 rodajas de limón
amarillo, para decorar

4 cuartos de naranja,
para decorar

Este cóctel está inspirado en mis viajes por España, en particular por el sur, donde uno se puede sentar en una terraza durante horas, alternando entre una sangría y un *espresso*. Esta bebida otoñal, parecida a la sangría, fue concebida para preparar en jarras, para varias personas. Para adaptarla a Leyenda, elegí un Malbec argentino, y le di fuerza y carácter con dos rones jamaiquinos diferentes. Es ligeramente aromática, con un rastro de chocolate que contrasta con el sabor de la pimienta de Jamaica (*allspice*).

Ten lista una cantidad adecuada de vasos bajos con hielo. Coloca todos los ingredientes, excepto las rodajas de limón y los cuartos de naranja, en una jarra con hielo. Revuelve para diluir. Decora los vasos (y la jarra) con las rodajas de limón y los cuartos de naranja.

PAN AM SOUR

1¼ onzas de bourbon
Elijah Craig

¾ de onza de cachaza
Prata Avuá

¾ de onza de jarabe
natural (página 248)

¼ de onza de jugo
de naranja

½ onza de vino tinto Malbec

Poco después de abrir Leyenda, nuestro amigo David Wondrich, connotado historiador de coctelería, vino con su esposa, Karen, a saludar y beber algo. Yo estaba detrás de la barra, y al escuchar que Dave quería "Ya sabes, lo que sea", decidí probar con uno de sus tragos favoritos, el New York Sour, que conocía de cuando trabajé en el Clover Club, del otro lado de la calle. Lo retoqué al estilo Leyenda, y Dave le puso el nombre de una antigua aerolínea en la que viajó alguna vez por toda América.

Coloca todos los ingredientes, excepto el vino, en una coctelera con hielo. Agita y vierte el líquido en una copa de champaña baja. Con suavidad, sirve el Malbec en una cuchara para crear una capa de vino flotante encima de la bebida.

MOONTOWER

2 onzas de ron de
piña Plantation

1½ onzas de Verjus
Wölffer Estate

¼ de onza de ron
Smith & Cross

¼ de onza de jarabe
de piña (página 248)

1 cáscara de limón verde

Rara vez, me parece, surge una bebida que es al mismo
tiempo simple y conmemorativa del espíritu a partir del que
se creó. Jesse Harris diseñó este cóctel a partir del amor
que le tiene al ron de piña Plantation, y se nota. Este ron
tiene sus fans dentro de la comunidad coctelera, y al parecer
es capaz de transformar cualquier trago en algo delicioso...
Pero ¿qué pasa cuando es la estrella del espectáculo? Con
solo un poco del inmenso aroma del ron jamaiquino para
aumentar su tenor y un poco de la acidez del Verjus, este
cóctel se disfruta como al hijo de un Daiquirí de piña y
un Manhattan.

**Coloca todos los ingredientes, excepto la cáscara de limón,
en una jarra mezcladora con hielo, y revuelve. Vierte en una
copa Nick & Nora. Exprime encima los aceites de la cáscara
de limón y deséchala.**

CLEARLY FAR AFFAIR

1 onza de Clairin Sajous

½ onza de jerez
Manzanilla La Guita

½ onza de Pommeau
de Normandie Lemorton

1 onza de jugo de manzana
Granny Smith

½ onza de jarabe de azúcar
demerara (página 247)

½ onza de jugo de
limón amarillo

2 gotas de tintura de
cardamomo (página 249)

1 gota de tintura salina
(página 249)

1 onza de sidra natural
vasca Isastegi

3 rebanadas delgadas
de manzana, para decorar

Considero que el clairin es uno de los destilados más interesantes que hay, y el viaje por carretera que hice a lo largo y ancho de Haití, en el que conocí la diversidad de gente y de culturas de ese país, fue tan inusual y lleno de vida que todavía recurro a él como fuente de inspiración para muchos cócteles. El país, en verdad, produce un destilado tan expresivo y único como su pueblo.

El Clairin Sajous que uso sabe a mango verde y pasto al mismo tiempo, y lo mezclo con la acidez del jugo de manzana, un poco de Pommeau para darle más cuerpo y tinturas para devolver el sabor amargo de la cáscara de manzana.

Coloca todos los ingredientes, excepto la sidra y las rebanadas de manzana, en una coctelera con hielo. Agita y vierte en un vaso Collins. Termina con la sidra, y decora con las rebanadas de manzana, acomodadas en abanico hacia afuera.

CUBA LIBRE

2 cuartos de limón verde

2 onzas de ron Havana Club 3 años

½ onza de jarabe de cola (receta en la siguiente página)

3 onzas de agua mineral carbonatada

Cuando abrí Leyenda, me obsesioné con la Coca-Cola y la historia de esta compañía, tras escuchar un especial de NPR (National Public Radio). América Latina (y en primer lugar México) consume más Coca-Cola que cualquier otra región del planeta; en esta región la mezclan con casi cualquier bebida alcohólica para preparar un rápido cóctel.

El más popular de todos es el Cuba Libre. Esta bebida apareció en Cuba después de la guerra hispano-estadounidense, cuando Coca-Cola entró al mercado con el fin de hacer dinero. En este cóctel colaboré con el genio *tiki* y maestro del ron Jelani Johnson para crear nuestro propio jarabe de cola, un proceso que tomó mucha más investigación y desarrollo que cualquier otra bebida en nuestro menú, invirtiendo en este un total de 21 horas. Sustituimos la clásica cocaína de la receta original por una reducción de mate, más legal, que combinamos con la nuez de cola. Puedes usar el jarabe para preparar el Cuba Libre, la Piscola chilena, el famoso Fernet y Coca de Argentina, la Batanga con tequila y otros tragos. Es laborioso, ¡pero vale la pena! Me alegra mucho que Jelani accediese a compartir su trabajo.

Exprime un cuarto de limón en el fondo de un vaso alto, y cúbrelo de hielo. Agrega los demás ingredientes, excepto el cuarto de limón restante, y revuelve para integrar. Decora con el limón en el borde del vaso.

JARABE DE COLA

3 tazas de azúcar blanca

2 cucharaditas de azúcar morena

2 tazas de agua

1 vaina de vainilla, abierta

2 anís estrella (quebrados)

1 cucharadita de juníperos

1 cucharadita de canela en raja troceada (no pulverizada)

3 cucharaditas de jengibre picado finamente

2 nueces moscadas enteras aplastadas (no pulverizadas)

Ralladura de 1 limón amarillo

Ralladura de 1 limón verde

Ralladura de 1 naranja

8 onzas de jugo de limón verde

6 cucharaditas de extracto de cola*

4 cucharaditas de extracto de mate**

1 onza de amargo de Angostura

2 cucharaditas de ácido fosfórico

1½ cucharaditas de melaza

RINDE 1 CUARTO DE GALÓN • Agrega los azúcares, el agua, la vaina de vainilla, el anís estrella, los juníperos, la canela, el jengibre, la nuez moscada y todas las ralladuras a una olla, y hierve lentamente sobre fuego medio durante 10 minutos. Deja enfriar por una noche (10 horas, aproximadamente) y luego pasa por un colador chino. Agrega el jugo de limón, el extracto de cola, el extracto de mate, el amargo de Angostura, el ácido fosfórico y la melaza, y revuelve. Refrigera en un contenedor hermético hasta por un mes.

*Extracto de cola: Muele nueces de cola hasta obtener 4 cucharadas de polvo. Mezcla con 7 onzas de Spirytus Rektyfikowany Polmos y deja reposar por 20 minutos. Cuela a través de un filtro para café y guarda en un contenedor hermético. Dura indefinidamente.

**Extracto de mate: Agrega 1 taza de té mate de hoja suelta a 7 onzas de Spirytus Rektyfikowany Polmos y deja reposar por 20 minutos. Cuela a través de un filtro para café y guarda en un contenedor hermético. Dura indefinidamente.

LIME IN TI COCONUT

2 onzas de infusión de ron Canne Bleue Clément y coco (receta abajo)

½ onza de jerez Fino César Florido

½ onza de vermut blanco de Chambéry Dolin

½ cucharadita de jarabe de vainilla (página 248)

2 gotas de tintura salina (página 249)

1 cáscara de limón verde, para decorar

Leanne Favre aceptó el reto de crear su propia variación del Ti Punch para un menú veraniego en Leyenda, y realmente la bateó maridando ese clásico con otro: el Martini. El ron de esta bebida está hecho con caña de azúcar azul, una delicia suculenta que apenas es reforzada con un baño con grasa de coco.

Coloca todos los ingredientes, excepto la cáscara de limón, en una jarra mezcladora con hielo, y revuelve. Vierte en un vaso bajo sobre un cubo de hielo grande. Exprime los aceites de la cáscara de limón encima y déjala en el vaso.

INFUSIÓN DE RON CANNE BLEUE CLÉMENT Y COCO

2 cucharadas de aceite de coco

750 mililitros de ron Canne Bleue Clément

RINDE 750 MILILITROS • Coloca el aceite de coco y el ron en un contenedor para alimentos. Bate para integrar, y deja reposar al aire libre por 4 horas. Tapa el contenedor y guárdalo en el congelador toda la noche (10 horas, aproximadamente). Al día siguiente, quita el aceite solidificado con una manta de cielo (*cheesecloth*). Puedes guardar la infusión en refrigeración indefinidamente.

UVA

Arriba: Una mujer muestra las uvas premiadas en un festival de la cosecha. Tarija, Bolivia. **Página 188:** La agricultora Margarita Constancio corta uvas para singani. Tarija, Bolivia.

En 2018 impartí un seminario sobre destilados de América Latina en un festival de coctelería en Londres. Entre otros temas, hablé sobre los destilados de uva en América Latina, como el pisco y el singani, en mi opinión menospreciados. Durante la sección de preguntas y respuestas después de mi plática, sucedió algo extraño: cada una de las preguntas que surgieron —el 100 por ciento de lo que se preguntó— tenía que ver con la discusión del origen nacional del pisco. La cuestión de si el pisco era *en realidad* peruano o chileno preocupaba a mi auditorio, y me pareció que era algo por lo que quizá, incluso, estuvieran dispuestos a pelear. Cuando señalé esto, me sorprendió saber que alrededor de un tercio de mi público era peruano o chileno, y que por tanto tenían un serio interés personal en el tema.

Estaba anonadada. A pesar de que mucha gente fuera de Sudamérica probablemente nunca ha probado el pisco, los chilenos y los peruanos se pueden pelear por él... ¡en una conferencia amistosa en el extranjero! Claramente, tenía mucho que aprender... como todos.

Los aguardientes a base de uva —en particular el pisco y el singani antes mencionados— son, en mi humilde opinión, los destilados latinoamericanos más accesibles. ¿Por qué? Pues, para empezar, son claros (¡hola, fanáticos del vodka!) y de sabores florales (¿St. Germain, alguien?), así que, cuando se producen bien, son el epítome de un destilado fácil de beber. Estos son, además, los destilados latinos que más se parecen a lo que la mayoría de los estadounidenses acostumbra a beber, por lo que cuando son consumidos fuera de América Latina por primera vez, la gente muchas veces se pregunta, "¿Por qué no lo he tomado antes?".

La mayoría no lo hemos hecho. Los destilados de uva de América Latina no están presentes en el imaginario global actual sobre los destilados. Incluso el pisco, que en una época fuera extremadamente popular en Estados Unidos —de hecho, fue una de las principales bebidas que dio origen a la era clásica del cóctel, en la que se basa el resurgimiento reciente de la coctelería—, ha sido una bebida prácticamente desconocida en el país desde la época de la Ley Seca. Ello resulta aún más extraño en vista de la creciente popularidad de los destilados de uva en Sudamérica: estos no solo se consumen profusamente en esa región, sino (como demostraron los asistentes a mi seminario) suelen ser representaciones líquidas de la identidad nacional sudamericana.

¿Cómo esta familia de destilados que significa tanto para quienes los preparan, que alguna vez significara tanto para los estadounidenses y que es tan agradable al paladar puede ser hoy en día desconocida fuera de América Latina?

En mi opinión, la clave para responder todas estas preguntas yace en el hecho de que estos destilados —en una medida mucho mayor que la de cualquier otro de los destilados comentados en este libro— fueron importados por los europeos. A diferencia de los licores de agave (producidos con plantas endémicas a partir de técnicas inspiradas en procedimientos europeos) o de caña de azúcar (un caótico puré cultural de influencias europeas, americanas y africanas), los aguardientes de uva, y las uvas con las que estos se hacen, llegaron a América Latina con los colonos europeos, y se produjeron en América imitando los destilados que ya existían en Europa. De ahí que su sabor sea tan fácil de asimilar, y que alguna vez hayan sido tan populares entre los consumidores no latinos. De ahí también que sean tan adorados en sus países de origen —naciones que todavía tienen en gran estima su influencia colonial europea—, al grado de ser una cuestión de identidad nacional. Y, finalmente, de ahí que sean desconocidos en otros lugares, a pesar de su turbulenta e interesante historia.

HISTORIA

Desde un inicio, las uvas y las bebidas a base de uva tuvieron una relevancia religiosa para los primeros colonos europeos quienes, por supuesto, eran católicos, y en sus múltiples viajes a través del Atlántico con rumbo al sur del continente americano hicieron una prioridad el establecimiento de misiones en casi todos los puntos donde se detuvieron. En la vida cotidiana en esas misiones, un ingrediente esencial era la Sangre de Cristo: el vino. Pero en América no había uvas disponibles para preparar vino, así que en cada misión establecida comenzaron a sembrar y cultivar la vid… o al menos lo intentaron.

Hernán Cortés guio a los conquistadores españoles, primero hacia México y después hacia el sur, a principios del siglo XVI. Fue él quien llevó las primeras uvas que aseguraron que hubiera suficiente vino para la Sagrada Comunión y así poder convertir a los habitantes indígenas de la zona en buenos cristianos, temerosos de Dios y, presuntamente, de Cortés. (Aun así, las poblaciones indígenas muchas veces rechazaron la nueva religión, y para poder convencer a la gente de que rezara ante la imagen de la Virgen María, por ejemplo, los sacerdotes incas insertaban en secreto en las efigies huesos sagrados de llama, volviéndolas así divinas bajo sus propios términos). Tras varios intentos mediocres (y demasiado calurosos) de cultivar la uva en regiones que van desde La Española a México y más hacia el sur, los conquistadores finalmente encontraron el suelo y el clima adecuados para las vides en la costa occidental de Sudamérica. (Otros entusiastas colonizadores católicos, los portugueses, también llevaron uvas a Brasil, vía Madeira y las Azores, unos cuantos años después de la llegada de los españoles, pero fue en los valles de lo que se volvería el Perú actual que la producción de vino realmente despegó).

Por supuesto que la tierra que el señor Cortés encontró en Sudamérica no era virgen. Esta había sido cultivada ampliamente desde mucho antes de la llegada de los europeos. Norte Chico, una de las civilizaciones más antiguas del mundo, ocupaba el actual territorio de Perú desde el año 4000 a.C., y otras tribus y comunidades bien establecidas florecían por toda Sudamérica, incluyendo los cañari del actual Ecuador, los inca, moche o chavín en los Andes, y los arawak de la costa este del continente. Estos millones de habitantes precolombinos eran granjeros hábiles y, como puede atestiguar cualquiera que haya visitado Machu Pichu, poseían un conocimiento excepcional sobre cómo trabajar la tierra. (Además de cómo hacer alcohol, al parecer; los incas que habitaban el territorio antes de que llegaran Colón y sus descendientes, por ejemplo, producían chicha, un preparado de maíz fermentado; posteriormente, los productores de vino y destilados de uva usarían los recipientes de barro en los que se guardaba la chicha).

En los primeros días de la colonización, las uvas que se cultivaban eran empleadas principalmente para producir el vino más elemental; nada que ver con la botella de 500 dólares que atesorarías en tu sótano para una ocasión especial, sino más bien la clase de bebida que los universitarios comprarían por garrafas. En aquel entonces, un mal vino era tan malo como lo es hoy, y el vino de misiones, que no tenía que satisfacer otro requerimiento que representar la sangre de Cristo, era precisamente eso. Pero, tras varios siglos de viajes y operaciones de viticultura —y cambios poblacionales de los que surgieron expectativas cada vez menos relacionadas con las sacramentales—, nuevas variedades de uva llegaron al continente, trayendo como resultado un vino de mucha mejor calidad.

El catolicismo se expandió por toda Sudamérica con la colonización de Argentina, Chile y más allá, y la sagrada vid lo acompañó. El siglo XVI vio el nacimiento de más de seiscientos pueblos parroquianos por todo el continente, particularmente en el área de las actuales Bolivia, Perú y Chile. En la segunda mitad de la centuria, los valles de Arequipa (hoy Perú) se volvieron el centro de

La niebla desciende hacia un valle de ordenadas hileras de vides, en Bodega Casa Real. Tarija, Bolivia.

la producción más prolífica de vino en toda la región, y la zona se volvió la mayor productora de vino en América Latina, permitiendo a los colonos exportar vino a Europa, gracias a la abundancia de este. La producción creció tanto que, en 1641, el rey Felipe IV de España impuso un impuesto muy fuerte a la exportación de vino del "Nuevo Mundo", en un intento por detener la competencia con los productores de vino locales. Ello puso fin a la exportación de vino colonial, reportando a los vinicultores un excedente de vino que estos se dispusieron a destilar para evitar que se echara a perder.

La idea de producir el primer destilado de uva latino —el cual, se dice, precedió al coñac— llegó de manos de misioneros gallegos que intentaban reproducir su propio destilado de uva, el orujo. Los españoles trajeron los mismos alambiques de cobre, produjeron los primeros destilados de uva en América Latina y los bebieron vigorosamente en las colonias, además de enviarlos a Europa desde los puertos creados a lo largo de la costa oeste del continente. El nuevo destilado de uva recibió el nombre de *pisco*, palabra cuyo significado todavía se debate, así como cuándo y dónde tuvo lugar la primera producción, como parte de disputas de carácter nacionalista.

Durante el siglo XVII, gran parte de Sudamérica se convirtió en un atractivo, y en gran medida autosustentable centro industrial, y la producción de vino y destilados creció para ayudar a calmar la sed de la población expatriada que aumentaba con rapidez. En 1545 los conquistadores españoles "descubrieron" el gran Cerro Rico de Potosí, en la zona central de Sudamérica que hoy ocupa Bolivia, cuyas reservas de plata eran tan abundantes que, se cree, habría sido suficiente para construir un puente de Potosí a España. Una vez que se corrió la voz sobre los yacimientos de plata, una horda de mineros provenientes de todas partes del mundo se asentó en Bolivia y sus alrededores. El impacto de Potosí en la economía de la región fue abrumador, y para mediados del siglo XVII ya tenía una población mucho mayor que cualquier ciudad de América... o, para el caso, que la mayoría de las capitales europeas. Como sucede en casi todos los momentos de auge económico, la fiebre de la plata boliviana fue opulenta, festiva y sedienta... y las uvas calmaron los paladares resecos. Con la llegada al continente de más y más gente proveniente de Europa, se incrementó el deseo de mejores vinos y destilados, y más y más uvas europeas se abrieron camino hacia el acogedor suelo sudamericano.

La popularidad en casa es maravillosa, pero la demanda extranjera es el principal factor contribuyente tanto al orgullo que los nacionales puedan sentir por un producto como la constitución de un mercado que lo coloque en el mapa mundial. Los destilados de uva de Sudamérica le deben esto a la fiebre del oro que se extendió por los territorios del oeste de Estados Unidos. Cuando se descubrió oro en California a mediados del siglo XIX, muchos de los trabajadores experimentados de las regiones mineras de lo que es hoy Bolivia y Perú migraron al norte y se llevaron consigo su sed por los destilados de uva. El pisco se volvió la bebida preferida de muchos mineros en la costa del Pacífico —sudamericanos, norteamericanos u otros—, y los productores empezaron a enviarlo a granel para cubrir la demanda.

La aparición del Pisco Punch, creado en The Bank Exchange Saloon, en San Francisco, a mediados de la década de 1850, solidificó el lugar de esta bebida dentro de la historia de la coctelería. El Pisco Punch, preparado a partir de ingredientes secretos y consumido por celebridades como Mark Twain a un precio elevado, nació como símbolo de estatus. Conforme aumentaba la popularidad del cóctel, aumentó también la demanda del pisco en Estados Unidos, y se mantuvo creciendo hasta finales del siglo XIX.

Pero los buenos tiempos no duran para siempre. Con la subsecuente caída de la economía de Estados Unidos y el golpe que recibió su floreciente cultura coctelera cuando se aprobó la Ley Seca, la demanda de pisco en el país se desplomó. Y, a diferencia de otras bebidas extranjeras, su popularidad no regresó cuando se levantó la prohibición —e, increíblemente, este destilado sigue sin ser popular, con la excepción de unos cuantos entusiastas, a pesar del resurgimiento universal de la coctelería en años recientes—. Ello en gran parte se debe a que la Ley Seca redirigió la atención de los estadounidenses a otros dos destilados latinos más cercanos, de los que ya hemos hablado, cuya popularidad se disparó después de que se levantara la restricción: el tequila y el ron. Además, al pasar la fiebre del oro las rutas comerciales desde y hacia Sudamérica decayeron en comparación con las que conectaban a Estados Unidos con Europa, y los destilados de uva de latinoamericanos resultaban, sin duda, demasiado parecidos al brandy europeo como para tomarse la molestia.

Pero el principal motivo por el que el pisco y otros destilados de uva han tardado tanto en recuperar su popularidad a nivel mundial tiene más que ver con la historia moderna de los países donde estos se producen, así como con el largo periodo de conflictos que restringieron la producción y exportación de destilados de alta calidad y desunieron a los productores, situación que persiste hasta el día de hoy.

En esa turbulenta historia moderna sudamericana encontramos asimismo algunos indicios que nos permitirían responder la pregunta que a todos apremia: *¿quién* exactamente tiene el derecho de reclamar el pisco como propio? Perú y Chile reclaman por igual haber dado origen al destilado, y las razones que arguyen tocan fibras muy sensibles. (Bolivia se ha abstenido de participar en esta discusión al reclamar la paternidad de un destilado de uva propio, el singani, aunque en cuanto a los disturbios locales y sus efectos este país bien que parte del problema). Conocer mejor la historia nos hará entender que, más que una protesta pasajera, esta pregunta encierra importantes cuestiones de patriotismo e identidad nacional.

Indagar más a fondo en la compleja historia de la región puede ser una tarea difícil, en particular porque los nombres y las fronteras de varios países y territorios

Unos chapacos celebran la venta de su abundante cosecha. Tarija, Bolivia.

de Sudamérica han cambiado muchas veces —y de manera significativa— en los quinientos años transcurridos desde la colonización, y todavía más después de que estos obtuvieran la independencia de los poderes europeos. Pero, al tratar de entender quién es el "dueño" de los destilados de uva, es importante comprender primero que hubo un tiempo en que Chile, Perú y Bolivia formaban parte de una misma región, que se encontraba bajo dominio español: un vasto territorio conocido como el virreinato del Perú. La manera en que posteriormente este virreinato fue dividido en países más pequeños, en particular *estos* tres, es el centro del debate sobre los límites territoriales y el carácter nacional de estos territorios, el cual se extiende hasta el presente y abarca desde la economía y la política racial hasta —sí— los alimentos y las bebidas locales.

El virreinato del Perú, el más poderosos de los cuatro virreinatos españoles, fue una institución creada por la monarquía española durante el siglo XV para facilitar la administración de estos territorios en el extranjero. Los virreyes tenían la labor de gobernar las vastas nuevas regiones del imperio español, no como colonias, sino como provincias imperiales semiindependientes, regidas por las mismas leyes y costumbres de cualquier provincia española. Con este virreinato, los españoles expandieron enormemente su imperio, sobre todo gracias a los inmensos recursos agrícolas y mineros que pronto hicieron famosa a la región.

Fue durante este tiempo que se produjo por primera vez el destilado de uva que conocemos por pisco. El nombre *pisco*, derivado de la palabra indígena quechua que significa "ave", también era el nombre de un famoso pueblo porteño, cerca del valle de Ica, en el actual Perú, y muchas personas (en particular los peruanos) creen que el licor obtuvo su nombre de esa región particular, rica en uvas. Ciertamente, en el siglo XVIII el valle de Ica era famoso por ser cuna de los mejores aguardientes de uva de Sudamérica, y resulta lógico que pisco fuera el término usado para referirse a los destilados de uva de esa región, antes de convertirse en una palabra genérica para nombrar todos los destilados de uva. Esta teoría encuentra sustento en las guías aduanales de 1764, en las primeras entradas de las cuales los trabajadores del puerto, cansados de anotar laboriosamente el destilado como "aguardiente de la región de Pisco", abandonaron las palabras "región" y "aguardiente" y simplemente anotaron "pisco", como sucedió también con el "brandy de Coñac, Francia", que terminó llamándose "coñac".

Simple, ¿no? El pisco es peruano.

Bueno... no tan rápido, dicen muchos (casi todos los) chilenos.

Para empezar, estos arguyen que, siendo pisco (hasta hace poco) una palabra relativamente genérica, otros lugares también lo usaban como topónimo, entre ellos (¡aguanta la respiración!) las zonas costeras de Chile, de donde de hecho el aguardiente de uva *pudo* haber provenido también —o más bien—. Otros puertos chilenos, algunos todavía operativos, fueron de los primeros en destilar y exportar bebidas de uva. Algunos académicos incluso creen que una tribu antigua de Chile, los aimaras, fueron los primeros en hacer pisco en el valle del Elqui, un territorio que ahora pertenece a ese país. (Como sucede con los destilados de agave en México, incluso se alega que los aimaras destilaban antes de la llegada de los españoles). Otros citan evidencias escritas que hablan del pisco en esa zona en fecha tan temprana como 1733. Se trata de un inventario de bienes registrados tras la muerte de uno de los dueños de una propiedad, entre los que se lista un viñedo masivo, alambiques de olla y (lo más importante) tres *botijas de pisco*. De acuerdo con las teorías que defienden los orígenes chilenos de este destilado, el hecho de que dicho registro haga referencia a los contenedores cilíndricos de barro usados para guardar alcohol (también llamados piscos) es la razón de que, de ahí en adelante, se le llamara pisco a la bebida. En otras palabras, esta teoría sugiere que la bebida recibió el nombre del recipiente, no del puerto, a lo que los peruanos responden que tales recipientes provenían del Perú, sin conseguir con ello poner fin a la disputa. Otro detalle es que los chilenos fueron los primeros en etiquetar oficialmente como pisco una botella, y registrar esta como marca comercial desde fecha tan temprana como 1882. (Los peruanos se tomaron su tiempo al respecto, no habiendo registrado, etiquetado y embotellado pisco hasta 1922).

Al final, lo único en lo que al parecer todos concuerdan es que el destilado no se originó en el Perú o el Chile que conocemos hoy, sino en alguna parte de la región antiguamente conocida como virreinato del Perú. Esta región —en específico, las montañas altas de la actual Bolivia— fue también la cuna del singani, un destilado de uva hasta cierto punto similar, desde hace mucho reconocido como el destilado nacional boliviano. Cuenta la leyenda que el singani se producía originalmente para dar fuerza a las personas durante los inviernos extremadamente crudos de Bolivia, y en general se cree que recibe su nombre de un pueblo precolombino cuya misión fue la primera en destilarlo, comerciándolo en la ciudad minera aledaña de Potosí.

El territorio del virreinato del Perú soportó el yugo español unos cuantos cientos de años antes de obtener su independencia por medio de una serie de revoluciones en el primer cuarto del siglo XIX. En este punto, los españoles huyeron

Piscos, antiguos contenedores de barro usados para guardar el destilado del mismo nombre, en Subtanjalla. Ica, Perú.

al norte para intentar reagrupar sus fuerzas en los dominios que aún les quedaban en América: el Caribe, principalmente Puerto Rico y Cuba, y los habitantes de los nuevos países del sur —para entonces, una población en su mayoría racial y culturalmente mestiza— declararon triunfantes su libertad ante España. Pero no acababan de alcanzar la independencia cuando sobrevinieron levantamientos sociales y políticos en el territorio, esta vez entre las naciones sudamericanas recién establecidas.

Al demarcar los nuevos territorios, el general libertador Simón Bolívar aplicó el principio de *uti possidetis juris* (literalmente, "según estipula la ley"), de modo que las fronteras de los tres países en que se dividió el antiguo virreinato continuaron siendo las mismas que demarcaban las otrora jurisdicciones coloniales. Pero ello no resultó, y pocas décadas después las nuevas naciones intentaron ampliar sus fronteras, dando origen a la Guerra del Pacífico.

Este conflicto —una larga guerra sudamericana en la que los destilados de uva y los orígenes de estos cobraron una importancia patriótica— duró cinco años, desde 1879 a 1884. Durante ese tiempo, Chile peleó contra el ejército aliado de Perú y Bolivia, cada poder buscando el dominio territorial de las valiosas zonas mineras en el desierto de Atacama y sus alrededores, y sobre todo de la costa del Pacífico, de gran potencial comercial. En esencia, Chile no quería que Bolivia tuviera acceso a los puertos sin pagar un impuesto, y cuando Perú entró a defender a su eterno aliado, Bolivia —país con el que los peruanos habían tenido buenas relaciones desde los días del virreinato—, Chile venció a ambas naciones, ganando para sí el territorio costero y las lucrativas minas. La historia del siglo XX en estos tres países se deriva, de muchas maneras, de esa victoria: la economía de Chile despuntó y el país se volvió un centro económico, mientras que a Perú y a Bolivia no les ha ido tan bien, lo que profundiza todavía más su resentimiento contra los chilenos.

De la Guerra del Pacífico surgió un amargo sentimiento antichileno en Perú y Bolivia, que aún persiste en la actualidad. (Muchas personas en ambos países atribuyen el poco desarrollo económico de sus naciones a la toma por parte de Chile de los puertos marítimos y las minas). La situación se tornó aún más volátil en el siglo XX debido a la agitación política marxista que sacudió Centro y Sudamérica, y a los poderosos carteles de drogas que surgieron para sacar ventaja de la inestabilidad resultante. El conflicto económico y social que ello provocó en los tres países y en toda la región durante ese tiempo adquirió matices extremos, muchas veces sorprendentemente similares entre una nación y otra.

DISPUTAS TERRITORIALES EN PERÚ

Cuando estuve en Perú a principios de 2019, visité algunos viñedos de productores artesanales. Al llegar, me bajé del auto y empecé a caminar por mi cuenta entre las hileras de vides. De pronto, un grupo de agricultores corrió hacia mí, gritando como locos preguntándome quién era y qué hacía ahí. Se tranquilizaron al darse cuenta de que iba con Diego Loret de Mola, dueño de Pisco Barsol, viejo amigo y comprador de sus productos.

Al parecer, mi experiencia es bastante común en Perú hoy en día. Por todo el país han estallado violentas disputas por la tierra, resultado indirecto de las reformas agrarias que el gobierno implementó después de la revolución marxista de 1968. Al nacionalizar sus tierras cultivables, el gobierno de Perú se apropió de extensiones de tierra que se hallaban en manos privadas, y las dividió en parcelas para que las trabajaran nuevos agricultores y sus familias, en un esfuerzo por asegurar una distribución más equitativa del trabajo y la experiencia agrícola. A cambio, los dueños originales recibieron bonos del gobierno, indicando que la tierra les sería devuelta al cabo de cincuenta años.

Cincuenta años después, las familias con derechos sobre las tierras del gobierno (por lo general, ricas y políticamente bien conectadas) se están presentando a reclamar sus antiguas propiedades. Sin embargo, la restitución de la tierra, incluso para quienes tienen conexiones, es un proceso legal muy largo... y la gente que ha estado viviendo y trabajando esas parcelas durante el último medio siglo no tiene ganas de irse.

Para expulsar a los campesinos que en la actualidad las trabajan de una manera más rápida, algunos de los grupos con más poder han recurrido a la intimidación y el robo, enviando criminales para atacar a los agricultores. Estos suelen robarse las uvas en la noche, veinte o treinta kilogramos a la vez. En respuesta, los campesinos de muchas zonas han construido rejas, patrullan con perros y se han organizado en milicias armadas. La tensión en los campos es muy grande, triste consecuencia de una política mal manejada, y clara evidencia que, cuando están en juego grandes intereses financieros, los menos afortunados son los que más sufren.

María Alhuay en su viñedo. Ica, Perú.

Con toda la inquietud política que ha caracterizado a estos tres países durante los últimos cien años, sobra decir que el vino y los destilados han sufrido también. Las reformas agrarias revolucionarias en Perú y Bolivia fueron particularmente devastadoras para las viticulturas nacionales, y estas apenas se están recuperando.

Pero la década de 1990 dio inicio a un renacimiento gastronómico en el área, particularmente en Perú, motivado por el retorno de expatriados que huyeron durante la época violenta y se entrenaron como chefs y *sommeliers* en otras partes. Esto, junto con el renacimiento de la coctelería en el mundo, ha avivado el interés en la calidad del pisco y el singani, así como de los cócteles que se preparan con ellos.

Para muchas personas, el pisco sigue siendo una manifestación tangible y bebible de la animosidad entre Perú y Chile, imposible de separar de este conflicto tanto como de la tierra y los recursos por los que ambos países se enfrentaron en un principio. Ambas naciones han llegado, incluso, a desacreditar legalmente el pisco de la otra; el pisco peruano en Chile no se vende etiquetado como "pisco", sino bajo el genérico nombre de "aguardiente", que podría ser cualquier cosa, y lo mismo sucede con el pisco chileno en Perú. ¡*Ay*!

No voy a darle la razón a ninguna de las partes en este complejo y persistente debate. Creo que puedo decir con objetividad que ambas naciones producen piscos magníficos, y me parece que sería más productivo compararlos a ambos: apreciar realmente los piscos chilenos y peruanos implica abandonar el debate de cuál es el "real", y consumir ambos conscientes de su historia y su cultura, teniendo en cuenta sus diferencias estilísticas principales.

Para mí, la comparación es bastante simple: los productores peruanos tienden a inclinarse más por métodos de producción normados, conservadores y deliberadamente clásicos, mientras que los chilenos son un poco más liberales en cuanto a las reglas que rigen su producción y, por ende, existe más espacio para la experimentación. Al entenderlos de esta manera, podemos entender los respectivos méritos de ambos enfoques. Aunque tanto Chile como Perú controlan su producción de pisco en cierto grado, los productores peruanos definitivamente se llevan las palmas al respecto. Estos están orgullosos de ser puristas del pisco y de que su destilado se acerque tanto como sea posible al destilado original, entre otras cosas produciéndolo mediante una sola destilación. Ello les permite enfatizar y perfeccionar los aspectos del pisco que consideran tradicionales y venerables. Chile, en cambio, defiende una posición de adaptación con relación a la producción de pisco, lo que le ha permitido empujar los límites que definen la esencia de la bebida.

La diferencia entre ambas aproximaciones repercute, por ejemplo, en los métodos de añejamiento: Perú, en su estilo tradicional, sigue una estricta política de no añejar en madera, mientras que Chile ha incorporado el añejamiento en barrica de roble, tan popular entre los demás destilados del mundo. Obviamente, ambos métodos pueden crear buenos o malos piscos; es cuestión de cómo se haga cada uno.

Entender esta diferencia de aproximaciones también puede ayudar a comprender ciertas diferencias en la forma de percibir y consumir ambos estilos de pisco a nivel mundial. En lo que concierne a la producción básica, se puede decir que Chile, al tener una producción menos regulada, bombea el jugo a un ritmo que sobrepasa por mucho el de Perú. Aunque en Perú existen más de seiscientos productores y Chile solo tiene un par de docenas, Chile produce cinco veces más pisco que Perú, alrededor de cincuenta millones de litros al año. Chile también es el mayor consumidor de pisco del mundo; los chilenos consumen el 90 por ciento del pisco que producen, y son el segundo consumidor de pisco peruano en el mundo, bebiéndose hasta el 45 por ciento del pisco que Perú exporta cada año, pese a importarlo bajo el nombre genérico de "destilado de uva" o "aguardiente de uva". (Parece que hasta los debates nacionalistas más amargos tienen sus límites).

El hecho de que Chile permita un rango más amplio de métodos de producción también ha repercutido en que su producto haya podido adaptarse con más facilidad a las demandas del mercado global de destilados. En cambio, Perú ha podido monopolizar el mercado *premium* de coctelería en años recientes al etiquetar su pisco como la versión históricamente más auténtica del destilado, cosa que a los nerds de pantalones con tirantes de la coctelería internacional les encanta.

Legalmente, ambos países tienen denominaciones de origen (DO) para su pisco. Chile también se le adelantó a Perú en esto, registrando su DO en 1931, y estableciendo así que el pisco del país solo se puede producir en las regiones señaladas de Atacama y Coquimbo. Perú creó una DO en 1990 especificando que el pisco nacional solo se puede producir en terrenos que se encuentran a no más de dos mil metros por encima del nivel del mar, en Lima, Ica (incluyendo las regiones de Ica, Chincha y Pisco), Arequipa, Moquegua y los valles Sama, Locumba y Caplina de Tacna. Después del drama entre Chile y Perú, Bolivia se subió al tren de la DO en 1988, estableciendo que su propio destilado de uva, el singani, debía producirse en una región específica de los altos valles que rodean el viejo pueblo minero de Potosí.

Recolectores esperando para pesar las uvas. Tarija, Bolivia.

Por supuesto, como sucede con cualquier otra DO, las restricciones a la producción traen consigo algunos problemas; en estos tres países, todo destilado que se produzca fuera de los límites geográficos especificados en la DO no puede llevar el nombre de *pisco* o de *singani*, debiendo ser etiquetado como aguardiente de uva. Dichas leyes prohíben que muchos otros destilados de uva de calidad provenientes de otras partes de Sudamérica —y sí que los hay— se comercialicen bajo estos importantes nombres, que podrían aportarles un mayor reconocimiento, así como consumidores.

Por otra parte, sin embargo, debido a que los ministerios de agricultura tanto de Chile como de Perú, responsables de regular la producción de pisco, no realizan sus funciones a cabalidad —lo que en esencia significa que ningún pisco está muy bien regulado—, algunos productores de ambos países se están uniendo para tratar de organizar un consejo regulador que haga un mejor trabajo. Debido a la falta de supervisión, muchas empresas que han crecido rápidamente no han podido mantener sus niveles de calidad, cosa que supone un inmenso problema para una industria cuyo futuro, como indica Diego Loret de Mola, de Pisco Barsol, "depende mucho de exportar la mejor calidad posible".

Además de las regulaciones geográficas, las DO de estos tres países establecen restricciones legales con relación a las uvas que pueden ser usadas en sus destilados. En el Perú puritano, los cuatro tipos de pisco del país solo pueden producirse a partir de ocho variedades de uva que proliferan en sus tierras mayoritariamente áridas y desérticas. (Durante la creación de este libro, Perú estaba considerando añadir una novena, pero no esto ha sido aprobado aún). El uso de cualquier otra clase de uva está estrictamente prohibido... si es que los reguladores se dan cuenta. (Muchos productores se salen con la suya y engañan al sistema usando uvas cultivadas para el consumo alimenticio que son desechadas porque están demasiado golpeadas para la exportación. Azúcar es azúcar, ¿cierto?). En Chile se permiten trece tipos diferentes de uvas, pero se usan principalmente cinco, y algunos productores agrupan todas las uvas moscatel dentro de una misma categoría. Ambos países categorizan sus uvas como "aromáticas" o "no aromáticas", siendo las de Chile (casi todas de la variedad moscatel, tan aromática) las más aromáticas de todas. Sin embargo, no se ponen de acuerdo en torno a si una uva que ambos utilizan —la uva torontel— es aromática o no: para el paladar chileno, más acostumbrado a lo aromático, esta uva tiene poco aroma, mientras que a los peruanos les parece muy aromática. Las uvas llamadas aromáticas crean destilados más pesados, dulces y florales; las no aromáticas, en cambio, tienden a producir un destilado más diatónico.

Los requerimientos de Bolivia para las uvas que emplean en su destilado tradicional son todavía más específicos. La región del país en que un puñado de productores fabrica todo el singani nacional, la cual abarca los valles de Tarija, Chuquisaca, Potosí y La Paz, se encuentra entre 5,250 y 9,500 pies sobre el nivel del mar. (Por ley, el singani tiene que producirse de principio a fin a una altura igual o mayor de 5,250 pies sobre el nivel del mar, desde el cultivo de la vid hasta el embotellamiento del destilado final). A esas altitudes —se trata de una de las regiones dedicadas a la viticultura más elevadas del mundo—, el aire de la montaña tiende a ser ligero y seco, y no retiene particularmente el calor, lo que significa que, pese a que la potencia del sol es fuerte durante el día, la temperatura se desploma en la sombra y durante la noche, provocando amplias fluctuaciones térmicas. Estas fluctuaciones diarias extremas, sumadas a los cambios climáticos igualmente drásticos que afectan la región, producen uvas resistentes y muy aromáticas, cuyo sabor refleja las duras condiciones que sobreviven. Una de estas recias variedades, la uva blanca moscatel de Alejandría, es la única permitida en la producción de singani.

En resumen, me parece que puedo generalizar y decir que los piscos chilenos tienden a ser más suaves, muy florales y con un fuerte sabor y aroma a moscatel, mientras que los piscos peruanos, hechos en concordancia con las reglas peruanas más estrictas, ofrecen un poco más de variedad en cuanto a la presencia o no de sabores florales. Por supuesto, esto es relativo. Cada una de las uvas empleadas para producir estos destilados es intensamente fragante, e incluso un pisco nada aromático como, digamos, un Puro Quebranta, de Perú (hecho, como el nombre sugiere, con una sola uva), tendrá un sabor que nos hará sentir como si camináramos por un manzanar floreciente. (Solo que no será tan agresivamente floral como, digamos, un Puro Italia).

El singani —que, dado que se hace únicamente con moscatel de Alejandría, sería clasificado como un Puro Italia si fuera destilado como pisco peruano— se parece más a los piscos chilenos porque, al igual que muchos de estos, su producción incorpora una doble destilación, y se usan uvas moscatel, mientras que los piscos peruanos solo se destilan una vez.

Habiendo descrito la actual disputa en torno a estos destilados de uva —y una vez establecido que cada uno de ellos se puede producir con calidad a partir de sus propios parámetros estilísticos—, hablemos del proceso de producción.

ESTILOS DE PISCO PERUANO

PURO. Se emplea una sola variedad de uva (ya sea aromática o no aromática), y el mosto se fermenta totalmente antes de la destilación.

ACHOLADO. Se usa una mezcla —por lo general variedades aromáticas y no aromáticas—, y el mosto se fermenta completamente antes de la destilación.

MOSTO VERDE. El pisco se destila de un mosto parcialmente fermentado, y se emplea una sola variedad de uva (que puede ser aromática o no aromática).

ESTILOS DE PISCO CHILENO

AGRUPADOS POR SU CONTENIDO DE ALCOHOL (COMO INDICA EL REGLAMENTO CHILENO OFICIAL):

CORRIENTE O TRADICIONAL. 30 a 34.9 por ciento.

ESPECIAL. 35 a 39.9 por ciento.

RESERVADO. 40 a 42.9 por ciento.

GRAN. 43 a 50 por ciento.

AGRUPADOS POR SU AÑEJAMIENTO (MÉTODO MENOS OFICIAL):

NO AÑEJO. Se utilizan tanto uvas aromáticas como no aromáticas, y por lo general una mezcla de no aromáticas.

GUARDA. Se añejan entre seis meses y un año en barricas de roble francés o americano. De nuevo, en esta clase se usan uvas aromáticas, no aromáticas y mezclas.

ENVEJECIDO. Se añeja por lo menos un año en pequeñas barricas de roble. Se usan uvas aromáticas, no aromáticas y mezclas (pero estas diferencias no son tan importantes, pues quedan niveladas por la influencia del roble).

PRODUCCIÓN

Como en todas las regiones del planeta donde se cosechan uvas, en los viñedos sudamericanos las vides se suelen cultivar de una manera extremadamente organizada: hileras e hileras de vides rayan las montañas, y son cuidadas con esmero durante todo el año. A diferencia de los agaves y la caña de azúcar, estas plantas son hasta cierto punto delicadas; no poseen una cáscara dura o tallos gruesos que las protejan de los elementos, por lo que requieren un poco más de atención por parte del agricultor.

Cada planta de vid envejece de un año a otro, pudiendo alcanzar más de cien años. Después de un par de décadas, las vides comienzan a dar pequeñas cosechas, creando vinos y destilados más concentrados y de intenso sabor. Los productores difieren en cuanto a las edades que prefieren: las vides que más apreciaba el productor de singani Casa Real cuando lo visité tenían cuarenta años, mientras que Rujero, otro importante productor de singani, aún cosecha vides de un siglo de edad. En Bodega Don Amadeo, en Quilmaná, Cañete, Perú, me mostraron vides que datan de 1925. Para sembrar las vides, los agricultores injertan retoños a un rizoma o "madre" ya existente, lo que les permite incrementar el sabor, la productividad y la resistencia a enfermedades de las nuevas plantas. (Este método hace que las variedades de uva cambien constantemente, ya sea de manera intencional o no).

Las vides son guiadas con posterioridad para que adquieran una determinada forma, ya sea que se las deje crecer libremente a ras de suelo, o que se les guíe para formar enrejados tipo T, con el fin de estimular su productividad y enfatizar distintas características de sabor en diversos ambientes de crecimiento. Pocos paisajes son tan maravillosos como los que se perciben cuando manejas por los campos de Bolivia, con sus montañas nubosas imponiéndose en las alturas, o los de Perú, con sus acantilados desérticos asomándose en el horizonte.

El riego de los viñedos puede realizarse inundándolos (como en el seco Perú), pero es más común la irrigación por goteo; de cualquier manera, el suelo más seco suele ser mejor para cultivar uvas, ya que provoca que estas "peleen" por sobrevivir, concentrando y elevando sus azúcares de manera más eficiente. Por ello, en Bolivia —en regiones que reciben muchísima lluvia, usualmente valoradas como beneficiosas para el desarrollo de cultivos frondosos, de valles y onduladas colinas verdes— es preciso plantarlas en los terrenos más soleados y rocosos que se encuentran a mayor altura, en las montañas del país. En las regiones norteñas de Chile, y en los valles de

Perú más al norte, el clima es por lo general más árido y desértico, con extensas áreas de inmensas dunas de arena, un sol abrasador y muy pocos árboles para producir sombra; en esas regiones las uvas crecen de manera muy eficiente.

En el invierno, estas plantas entran en una especie de hibernación, tras la cual, alrededor del mes de agosto, antes de que la temperatura comience a subir, los agricultores las podan para estimular su crecimiento durante la siguiente temporada. Las uvas comienzan a aparecer en noviembre, y por lo general se cosechan en febrero y marzo. Para entonces, los azúcares de la fruta se han acumulado lo suficiente como para que el jugo haya perdido acidez, pero no tanto como para que la fruta haya perdido su perfil aromático o se vuelva demasiado susceptible a la putrefacción.

Como mencioné antes, Chile acepta trece variedades de uvas para producir su pisco, y Perú, ocho; en Chile suele predominar la moscatel de Alejandría, mientras que la jugadora estrella de Perú tiende a ser la no aromática quebranta. Los bolivianos creen (¡con toda razón!) tener la mejor locación en el mundo para cultivar moscatel de Alejandría, así que se dedican a esa uva y no se toman la molestia de sembrar otras.

UVAS PERUANAS

AROMÁTICAS. Italia (similar a la moscatel de Alejandría), torontel, moscatel negra, albilla.

NO AROMÁTICAS. Quebranta, mollar, negra criolla, uvina.

UVAS CHILENAS

Torontel

Pedro Jiménez

MOSCATEL. Moscatel de Alejandría, moscatel rosada (pastilla), moscatel de Austria, moscatel temprana, moscatel amarilla, moscatel de Canelli, moscatel de Frontignan, moscatel Hamburgo, moscatel negra, moscatel naranja, Chasselas Musqué Vrai.

UVA BOLIVIANA

Moscatel de Alejandría

Eddy Pereira pule los inmensos alambiques de cobre de San Isidro, en Caserío de Yajasi. Ica, Perú.

Uvas uvina maduras en los campos abiertos del pisco Ángel Negro, en Zúñiga-Cañete. Lima, Perú.

PROBLEMAS MEDIOAMBIENTALES Y ECONÓMICOS RELACIONADOS CON LAS UVAS

El proceso para cultivar y cosechar uvas no ha cambiado mucho desde sus inicios. Las plagas de las vides son enemigos persistentes, y desafortunadamente se ha tenido que usar pesticidas en su cultivo. Hoy en día existe un movimiento para que cese el uso de pesticidas en estas plantas, pero parece ser un camino difícil. Estas sustancias no solo se utilizan para combatir insectos. Debido a que los mercados internacionales tienden a pagar un precio más elevado por el vino en determinadas épocas del año, en algunos casos los químicos obligan a las uvas a madurar en épocas del año en las que naturalmente no lo harían.

La competencia con otras cosechas es otro de los problemas que afecta a la industria vinícola. Como regla, los campesinos (o chapacos, como se les llama en Bolivia) que cosechan las uvas son agricultores que no se especializan en una sola cosecha; aprenden a cultivar lo que pueden, cuando pueden, de modo que, si tienen la posibilidad de recibir mejor paga recolectando otros cultivos, se pueden ir. Y muchas cosechas sudamericanas reportan más dinero que las uvas: espárragos, nueces pecanas, aguacates y cítricos, por nombrar algunas. Incluso las uvas de mesa, que tienen mercados mundiales más amplios, son más redituables que las uvas que se recolectan para destilados; las uvas de mesa se venden a tres veces el precio de las uvas con que se hace el pisco.

Por fortuna, algunos productores de pisco se esfuerzan por hacer lo correcto. En la mayoría de los casos esto simplemente significa crear buenas relaciones con los productores de uvas; algunas veces implica también usar una porción de las ganancias para pagar precios más competitivos por las uvas. Casa Real, en Tarija, Bolivia, solo posee el 20 por ciento de sus viñedos de moscatel, porcentaje que los dueños no intentan modificar, interesados más bien en preservar los negocios de las familias que poseen y trabajan la tierra a quienes compran su producto. Cuando los visité, también vi casas y una pequeña escuela que los dueños construyeron en propiedad, para el beneficio de quienes trabajan para ellos durante todo el año. Son esfuerzos como este los que realmente demuestran el compromiso de un productor con la economía local.

La cosecha se realiza a mano o con máquinas. (En Perú, las uvas para pisco se cosechan generalmente a mano, según la tradición. Todas las uvas para singani en Bolivia también se cosechan a mano, por cuestiones prácticas: las máquinas no pueden funcionar con eficiencia en los taludes donde se plantan. Chile emplea ambos métodos). La cosecha manual se suele realizar en equipos de dos o tres trabajadores; en Bolivia vi grupos de (sobre todo) mujeres que cortaban las uvas y las acomodaban en las cajas, mientras (generalmente) un hombre llevaba las cajas llenas de uvas hasta los camiones —a veces, a toda velocidad, pues se acostumbra a pagarles por caja—. Es un trabajo sofocante y polvoso, y se hace desde muy temprano en la mañana hasta el mediodía, para evitar las horas más fuertes de sol.

Una vez recolectada la uva, las cajas se transportan a la bodega, donde serán prensadas. Tradicionalmente, la prensa de las uvas era una actividad humana —se realizaba, sí, con los pies—, pero incluso entonces no tenía nada que ver con la idea romántica que hoy tiene la gente sobre eso. Prensar las uvas es un trabajo duro, y requiere mucha fuerza muscular y protección contra los ácidos abrasivos que libera la fruta; así pues, cuando lo hacen personas, no suelen ser damiselas campesinas descalzas, pisándolas ligeramente, sino hombres grandes y fuertes con botas de goma. Pisar las uvas es además un procedimiento bastante ineficiente —recupera entre el 40 y el 45 por ciento del jugo de la uva, frente al 85 por ciento que puede extraer una prensa mecánica—, además de que aplasta los tallos y las semillas con el resto de la fruta, produciendo niveles más elevados de metanol, taninos más amargos y otras cualidades no deseables. Hoy en día, por todos estos motivos, el proceso de prensado generalmente se hace mecánicamente, con diversos tipos de prensas diseñadas para exprimir las uvas mientras se eliminan las semillas y los tallos, intactos. Los peruanos pueden dejar su *pomace* (la piel sobrante del prensado) en la mezcla el tiempo que quieran durante la fermentación, pero comúnmente lo retiran, cosa que también hacen los chilenos.

La fermentación del jugo de uva en vino tarda entre cinco (en el caso de los piscos mosto verde de Perú, que solo están parcialmente fermentados) y quince o veinte días. En Perú, el proceso se realiza por completo a partir de las levaduras que se encuentran de manera natural en las uvas; no se permiten agentes adicionales de ninguna clase. En Chile, la fermentación se realiza, en la mayor parte de los casos, sin aditivos, pero a veces se pueden incorporar algunos. Los productores de singani boliviano tienen permitido usar levadura adicional, pero solo las cepas patentadas.

Los tres países usan alambiques de olla de cobre de una sola pasada para producir sus destilados de uva. Por lo general, los chilenos obtienen un destilado de entre el 55 y el 73 por ciento de alcohol, con destiladores que tienen una columna pequeña de rectificación, como los alambiques para coñac (los mismos que se usan en la producción de ron agrícola, gracias a los franceses), lo que ofrece un margen muy cerrado para extraer el corazón antes de desechar la cabeza y la cola. En Chile no es ilegal que los productores destilen tantas veces como deseen (y que obtengan alcoholes de graduación tan alta como quieran), pero estos suelen optar por la destilación y media que la columna de rectificación permite, y luego diluyen el fuerte destilado con agua. (Por ello, una buena parte del pisco chileno que se vende se parece más a un vodka de uva que a otra cosa, debido a que muchos de sus matices se pierden en la destilación y el rebajado de la graduación alcohólica con agua para hacerla adecuada para el consumo).

Los peruanos solo permiten, por ley, destiladores en forma de alambiques o falcas, un diseño único de alambique de olla que se entierra, manteniendo afuera la parte superior, y que no tiene el usual cuello de cisne. (Parece una versión mucho más grande de algunos destiladores mexicanos rudimentarios: básicamente, un tazón sepultado con un tubo encima para captar el vapor). En Perú solo es legal destilar una vez el pisco, pero en esa única destilación los peruanos son capaces de llevar el licor hasta un impresionante 48 por ciento de alcohol, debido al elevado contenido de azúcar de sus uvas, cultivadas en el desierto (¡vi un acholado Don Amadeo de 50 por ciento!). Increíblemente, no está permitido añadir agua para reducir la graduación de alcohol después de la destilación; solo autorizan una evaporación costosa para obtener la cantidad de alcohol deseada, entre el 38 y el 48 por ciento. El singani boliviano nunca se mezcla ni adultera con aditivos, y se destila al menos dos veces, en ocasiones más. (No sé por qué, pues los singanis con una sola destilación que he probado son mis favoritos, pues son los que más saben a uva).

La ley también establece que todos los productores de destilados de uva deben dejar reposar sus productos antes de embotellar: al menos seis meses en Bolivia, un mínimo de noventa días en Perú y no menos de sesenta días en Chile. Algunos de los productores más artesanales dejan reposar sus piscos mucho más tiempo; la mayoría de quienes respeto y he visitado han resuelto que dos años es un lapso adecuado. El pisco se guarda en contenedores no reactivos, como cristal o acero inoxidable, o en botijas de barro tradicionales, lo que permite que se añeje sin incorporar los sabores de otros materiales, como la madera.

El proceso de producción del pisco es aún más interesante en el caso del *acholado* peruano. De manera similar a como los oaxaqueños producen el *ensamble*, mezclando agaves para producir mezcales complejos, a los peruanos les gusta combinar sus uvas y crear nuevas armonías de sabor y aroma. (No es que los chilenos no mezclen uvas también, pero este método es más característico de Perú). Y al igual que los mezcales ensamble, los piscos combinados solían ser los más comunes. Con frecuencia, el quebranta funciona en el pisco peruano como un lienzo sobre el que se pintan otras uvas más aromáticas (como la suave y floral torontel, o la Italia, más ácida), en distintas proporciones para crear nuevos acholados.

En cuanto a la razón de que Chile añeje su pisco y Perú no, escuché varias teorías. Una de mis favoritas sostiene que, cuando los piratas llegaron a la costa de Sudamérica para robar y saquear, dejaron barriles de ron en lo que ahora es Chile y... nació el pisco añejo. (Y, oigan, si alguien me puede conseguir un pisco añejado en barrica de ron, se los agradecería mucho). El singani no se añeja por tradición, pero no hay ninguna ley que lo prohíba en su DO, así que en años recientes algunos han experimentado con ello.

Casi todos los chilenos usan roble de Europa o Estados Unidos para añejar su pisco, pero la ley no especifica qué clase de madera se debe usar, y los primeros registros mencionan otras maderas locales utilizadas para ese propósito. (Una de ellas todavía se utiliza: un tipo de haya chilena llamada raulí). En lo personal, me encantaría que de nuevo los chilenos se enorgullecieran de usar maderas endémicas para el añejamiento en barrica, como sucede con la cachaza en Brasil.

Si bien la discusión sobre quién puede reclamar el pisco como propio y por qué es un tema candente, lo cierto es que el destilado finalmente empieza a recobrar un poco de impulso. Como siempre, es algo que traerá buenos y malos resultados, y entre más cobre conciencia el mundo de estos deliciosos destilados —no puedo creer que esto no suceda en años venideros—, lo más importante será producirlo sin faltar a sus términos de calidad, relevancia cultural y estándares éticos y medioambientales.

Existe un *terroir* inherente en los aguardientes de uva únicos de cada país, que representa la ética y la identidad postcoloniales de esas naciones. En el mejor de los casos, Chile representa la vanguardia contemporánea, el hombre de negocios que piensa libremente y traspasa los límites para llevar sus productos culturales hacia nuevas direcciones; en el peor, es meramente una potencia industrial, el hijo adolescente que solo quiere subir el volumen de ese espantoso ruido que llama música. Perú en el mejor de los casos es el conservacionista, el tradicionalista, el historiador respetuoso que siente una lealtad inquebrantable por la tradición, en su búsqueda de la pureza; en el peor, es el viejo cascarrabias y retrógrado, que escucha el ruido del cuarto de Chile y piensa, "Pero ¿qué le ha pasado al mundo?". ¿Y Bolivia? Bolivia es el purista ultra enfocado que se retiró a su propia torre para volverse realmente bueno en una sola cosa; es la hermosa hermanastra que piensa, gracias, pero no tengo ganas de ser parte de todo ese lío.

PISCO SOUR

2 onzas de pisco peruano acholado Barsol

½ onza de jugo de limón amarillo

½ onza de jugo de limón verde

¾ de onza de jarabe natural (página 248)

½ onza de clara de huevo

4 gotas de amargo de Angostura

En 1916, el emigrante estadounidense Victor Morris abrió Morris' Bar en Lima, Perú, y consolidó el lugar del pisco en el mundo de los cócteles clásicos con el Pisco Sour, cuya invención se le acredita. Tras su muerte, en 1939, muchos de sus cantineros se dispersaron por el mundo, llevando consigo la receta del Pisco Sour y otras grandes bebidas.

En nuestro actual momento histórico, el Pisco Sour es lo que mantiene al pisco en el mapa. Esta es mi versión, con jugo de limones amarillos y verdes, en un intento por imitar el sabor de los limones pequeños y ácidos de Sudamérica.

Coloca todos los ingredientes, excepto el amargo de Angostura, en una coctelera. Agita en seco, sin hielo, para emulsionar la clara de huevo. Agrega hielo, agita y vierte en una copa de champaña baja. Decora con las gotas de amargo.

SHOTGUN WEDDING

1 onza de infusión
de Singani 63 y té
(receta abajo)

¾ de onza de Silver
Cachaça Novo Fogo

¾ de onza de jarabe
de vainilla (página 248)

¾ de onza de jugo
de limón verde

½ onza de crema de coco

½ onza de leche de coco

½ onza de jerez Palo
Cortado Lustau

¼ de onza de licor
Fernet-Vallet

Nuez moscada recién
rallada, para decorar

Cuando por primera vez oí hablar del singani, estaba muy entusiasmada por usarlo, incluso antes de haberlo probado. Me dije, "¡Ajá! Bolivia... ¡otro país latino que podemos representar en el bar!". Al probarlo, sin embargo, supe que sería un ingrediente complicado para trabajar, y que necesitaría algunos sabores complementarios muy fuertes para combatir sus pesadas notas florales. Preparar bebidas con singani y otros sabores florales simplemente no funciona; necesitas algo que se le contraponga. Después de todo, ¡a veces la unidad solo surge del conflicto!

Para este cóctel, decidí crear una infusión de singani con té verde tánico gunpowder, capaz de penetrar la grasa del coco y la dulzura de la vainilla. El licor mexicano Fernet-Vallet es fuerte y oscuro, y al combinarlo con los demás ingredientes hace que el té tánico seque aún más los sabores.

Coloca todos los ingredientes, excepto el Fernet-Vallet y la nuez moscada, en una coctelera con hielo. Agita brevemente y vierte sobre hielo picado o triturado en un vaso Collins. Sirve el Fernet-Vallet encima de la bebida, agrega un poco más de hielo y decora con la nuez moscada.

INFUSIÓN DE SINGANI 63 Y TÉ

4 cucharadas de té verde
gunpowder

750 mililitros de Singani 63

RINDE 750 MILILITROS • En un contenedor para alimentos, revuelve el té verde y el singani. Permite que la infusión repose durante 20 minutos, pásala por un colador chino y embotéllala. Puedes guardarla en refrigeración indefinidamente.

LONG JUMP

¾ de onza de pisco
peruano Torontel Capurro

¾ de onza de jerez Palo
Cortado Almacenista Lustau

½ onza de ron de piña
Plantation

½ onza de whiskey de
centeno Rittenhouse

4 gotas de ron jamaiquino
Rum Fire

½ cucharadita de jarabe
de piña (página 248)

1 gota de amargo aromático
de la casa (página 246)

1 cáscara de naranja,
para decorar

Por lo general, asocio el pisco con la ligereza, los cítricos y la luz, pero en esta ocasión tomé el camino opuesto para preparar un cóctel más oscuro (página opuesta). Con el pisco Torontel, con sus ricas notas de jazmín como punto de partida, combiné el añejamiento y la dulzura del ron de piña con el contenido alcohólico, el sabor y las especias del whiskey de centeno. El jerez Palo Cortado y unas cuantas gotas de un potente ron jamaiquino conforman un cóctel contemplativo, parecido al Manhattan.

Revuelve todos los ingredientes, excepto la cáscara de naranja, en una jarra mezcladora, y vierte en una copa Nick & Nora. Exprime los aceites de la cáscara de naranja sobre la copa, y adorna el borde de esta con ella.

FITTED ACTION

¾ de onza de singani Rujero

½ onza de tequila reposado
Siembra Azul

¾ de onza de vermut
Punt e Mes

½ onza de Bitter Contratto

¼ de onza de licor de
cereza silvestre Vicario

1 gota de amargo aromático
de la casa (página 246)

1 cereza marrasquino,
para decorar

Este cóctel está inspirado en un almuerzo revelador que tuve en los campos de Bodegas Concepción, donde se hace el singani Rujero. Ahí (entre sorbos de vino y singani) conocí la historia de la región, sus tradiciones en torno al singani y la capacidad que tiene este delicioso destilado para sacar comunidades enteras de la pobreza.

Coloca todos los ingredientes, excepto la cereza marrasquino, en una jarra mezcladora con hielo, y revuelve. Vierte en un vaso bajo con un cubo de hielo grande. Decora con la cereza ensartada en un palillo.

PISCES RISING

1½ onzas de pisco peruano
acholado Barsol

½ onza de jerez Manzanilla
La Guita

½ de jugo de limón amarillo

½ onza de jugo de pomelo

½ onza de jarabe natural
(página 248)

½ cucharadita de Crème
de Pêche Giffard

2 gotas de amargo
de apio Bitter Truth

1 onza de agua mineral
carbonatada

1 rodaja de limón amarillo,
para decorar

½ rodaja de pomelo,
para decorar

Una noche en Perú, mientras atravesaba Ica en automóvil después de un largo día nublado en el que cayó una extraña lluvia sobre los viñedos del árido desierto, las nubes finalmente se empezaron a despejar y revelaron algunas de las estrellas más nítidas y brillantes que he visto en mi vida. Del otro lado del mundo, lejos de Vermont, donde nací, me sentí de alguna manera en casa. Había estado un tiempo en Perú cuando estudiaba en la universidad, pero nunca lo había sentido mi hogar. Esa noche, en cambio, me sentí tranquila... totalmente en paz.

Piscis (*Pisces*) es el signo del zodiaco que representa los opuestos, equilibrando las energías que subyacen en el mundo. Inspirada por las estrellas de Ica y la sensación de equilibrio que produjeron en mí, esta bebida representa esa experiencia meditativa.

Coloca todos los ingredientes, excepto la rodaja de limón y la media rodaja de pomelo, en una coctelera con hielo. Agita y vierte en un vaso Collins con más hielo. Decora con el limón y el pomelo en el interior del vaso.

TIGHT CONNECTION

¾ de onza de Singani 63

¾ de onza de infusión de tequila Siembra Valles y jalapeño (página 246)

1 onza de Verjus Wölffer Estate

½ onza de Chartreuse amarillo

¼ de onza de Fraise des Bois Deniset-Klainguer

1 rebanada delgada de pepino, para decorar

Cuando hice mi gira relámpago por Sudamérica como preparación para escribir este libro, mientras deambulaba por Perú, Bolivia y Brasil pensaba, "¿Qué tan difícil puede ser? Es el mismo continente; ya estuve antes en todos estos lugares". Y ¡aun así!... resulta que es muy difícil llegar de una región remota de un país a otra. No es un viaje para los débiles de espíritu —ni para quienes se impacientan en los aeropuertos—, pero, créeme, ¡vale totalmente la pena!

Revuelve todos los ingredientes, excepto el pepino, en una jarra mezcladora con hielo. Vierte en un vaso bajo con un cubo de hielo grande. Decora con la rebanada de pepino.

BUENA ONDA

2 onzas de infusión de pisco peruano Selecto Italia Barsol y yerba mate (receta abajo)

½ onza de jugo de limón amarillo

½ onza de jugo de limón verde

¾ de onza de jarabe natural (página 248)

½ onza de clara de huevo

1 gota de amargo de pomelo Bittermens

4 gotas de amargo de Angostura

Cuando viví en Argentina, adopté el hábito de beber yerba mate en una calabaza seca tradicional con una pajilla para filtrar. Lo bebía religiosamente a lo largo del día. Años después, cuando volví por primera vez, trabajaba en el mundo de la coctelería y visité tantos bares como pude. Me sorprendió en particular un cóctel con mate que probé en uno de ellos, que contrastaba el amargor de las hojas del mate con un ponche dulce.

El cóctel reproduce la simplicidad del Pisco Sour, pero incorpora mate para añadir más taninos. El resultado, me parece, recrea una sensación panlatinoamericana.

Coloca todos los ingredientes, excepto el amargo de Angostura, en una coctelera. Agita en seco, sin hielo, para emulsionar la clara de huevo. Añade hielo, agita y vierte en una copa de champaña baja. Decora con las gotas de Angostura.

INFUSIÓN DE PISCO PERUANO SELECTO ITALIA BARSOL Y YERBA MATE

3 cucharadas de yerba mate   750 mililitros de pisco

RINDE 750 MILILITROS • Revuelve la yerba mate y el pisco en un contenedor para alimentos, y déjalo reposar durante 8 minutos. Cuela finamente con un filtro para café, y embotéllalo. Puedes guardarlo en el refrigerador indefinidamente.

SAN ISIDRO

1¼ onzas de pisco peruano Mosto Verde Italia Barsol

¾ de ron Canne Bleue Clément

¼ de onza de Suze

¾ de onza de jarabe de piña (página 248)

¾ de onza de jugo de limón verde

2 ramitas de cilantro

San Isidro es el santo patrono de la agricultura en el catolicismo. Aunque los campesinos de todo el mundo le rezan a este santo en particular, nunca había visto tanta devoción hacia él como en el valle de Ica, en Perú.

Yo crecí en una familia espiritual, pero relativamente agnóstica, y en mis primeros viajes por América Latina me sentí impactada por el poder de la Iglesia Católica: tanto la historia de sus abusos en nombre de Dios, como la devoción actual de todo un continente, sin duda más dedicado a su fe que Europa. La primera vez que viví en Perú, trabajé como maestra voluntaria de prescolar, y debía tomar una serie de camiones para llegar de Cuzco a las afueras del pueblo. Cada vez que pasábamos una iglesia —y había literalmente decenas en el camino— todos en el autobús se persignaban. Me sorprendía sobre todo que, sin importar qué tan ricos o pobres eran, qué tan clara u oscura era su piel: el catolicismo los unía.

Para mí, los bares son la única otra cosa que se asemeja a esa clase de poder unificador. Este cóctel es una celebración de ello.

Coloca todos los ingredientes, excepto 1 ramita de cilantro, en una coctelera con hielo. Agita y vierte despacio en una copa de champaña baja. Decora con la otra ramita de cilantro flotando en el interior de la copa.

PACHAMAMA

¾ de onza de coñac Gilles Brisson VS

½ onza de Singani 63

½ onza de Gentian Amaro Lo-Fi

¼ de onza de brandy de pera St. George

¼ de onza de Cynar

¾ de onza de jarabe de canela (página 247)

¾ de onza de jugo de limón amarillo

½ onza de clara de huevo

1 gota de amargo de Angostura

2 rebanadas de pera, para decorar

2 clavos de olor, para decorar

Entre los incas de los Andes, Pachamama es la diosa de la fertilidad, la cosecha y la tierra. Bolivia sigue conservando una de las poblaciones indígenas más numerosas de América Latina, y aunque el catolicismo ahora es indiscutiblemente la religión del país, muchas personas siguen adorando a los dioses antiguos.

Cuando estuve de visita en Tarija, Bolivia, tuve la oportunidad de ir a una cooperativa agraria el día que confirmaron la venta de su cosecha de moscatel de Alejandría a la casa productora de singani Casa Real. Fue motivo de celebración y bailamos, cantamos y bebimos todo el día en honor de la cosecha y su recompensa. Se trata de un cóctel agrio de otoño, que celebra los frutos de la cosecha y las oportunidades que esta puede traer.

Coloca todos los ingredientes, excepto las rebanadas de pera y los clavos de olor, en una coctelera. Agita en seco, sin hielo, para emulsionar la clara de huevo. Agrega hielo, agita y vierte en una copa de champaña baja. Acomoda las rebanadas de pera en abanico, y encaja los clavos de olor para unirlas. Déjalas sobre el borde de la copa.

HEY SUZE

4 guisantes dulces

¾ de onza de jarabe natural (página 248)

1 onza de pisco peruano Quebranta Barsol

¾ de onza de ginebra Tanqueray

½ onza de Suze

¾ de onza de jugo de limón amarillo

2 gotas de absenta

2 gotas de tintura salina (página 249)

1 onza de agua mineral carbonatada

1 ramita de menta, para decorar

4-5 rocíos de absenta

Este cóctel, ligero y amargo (página opuesta), contrasta un pisco menos floral con una ginebra audaz con mucho junípero. El objetivo es construir una bebida alrededor de las dulces cualidades vegetales de los guisantes; la uva aporta más dulzura a la fiesta, y la ginebra y el Suze añaden un toque amargo. Un par de gotas de absenta hacen destacar todavía más el carácter vegetal.

Muele los guisantes con el jarabe natural en una coctelera. Añade los ingredientes restantes, excepto el agua mineral, la menta y el rocío de absenta. Agita y vierte en un vaso alto con hielo. Termina con el agua mineral. Decora con la ramita de menta en el interior del vaso, y rocía absenta encima para aromatizar.

50/25/25

¾ de onza de pisco peruano acholado La Diablada

¾ de onza de ginebra Fords

1½ onzas de vermut seco Lo-Fi

1 gota de amargo de naranja Regans

Cáscara de limón amarillo, para decorar

2 aceitunas manzanilla

El pisco puede encontrar un perfecto acompañante en la ginebra, cuyas notas botánicas se relacionan de manera asombrosa con las notas florales de muchos piscos. Para esta bebida en particular, tomé el cóctel más icónico de todos los tiempos, el Martini, y lo modifiqué con una base doble de ginebra y pisco.

Vierte todos los ingredientes, excepto la cáscara de limón y las aceitunas manzanilla, en una jarra mezcladora con hielo. Revuelve y sirve en una copa de Martini. Exprime los aceites de la cáscara de limón encima del cóctel, y ensártala con un palillo junto con las aceitunas.

POINT BEING

¼ de onza de whiskey
de centeno Wild Turkey

¾ de onza de Singani 63

¼ de onza de brandy de
ciruela Mirabelle Massenez

½ onza de jerez
Moscatel Lustau

2 gotas de amargo
aromático de la casa
(página 246)

1 cáscara de naranja,
para decorar

El director de producción de Casa Real y Singani 63, Jorge
Edgardo Furio, no es boliviano, sino argentino, y conocerlo
hizo que bien valiera el largo viaje hasta Tarija. Su perspectiva
sobre el singani me pareció fascinante. Siendo vinicultor,
aporta una visión única a la creación de destilados, y a pesar
de ser extranjero demuestra un orgullo inmenso por la
bebida nacional de Bolivia. "Este destilado es el corazón de
esas montañas", me dijo. "Hay orgullo en lo que hacemos,
porque así es la gente. Ese es el punto".

**Revuelve todos los ingredientes, excepto la cáscara de
naranja, en una jarra mezcladora con hielo. Sirve en un vaso
bajo con un cubo de hielo grande. Exprime los aceites de la
cáscara de naranja encima del vaso, y déjala en su interior.**

PISCO PONCHE

1 onza de pisco peruano
acholado Barsol

½ onza de tequila
El Velo

1½ onzas de tepache
(receta abajo)

¾ de onza de jugo de piña

¾ de onza de jugo de
limón amarillo

¾ de onza de jugo de
limón verde

1 gota de amargo
de Angostura

La industria coctelera produce muchos desperdicios: desde la energía que se requiere para distribuir las botellas por todo el mundo, hasta la inmensa cantidad de desechos que producen los bares. Una de las maneras en que Shannon Ponche y yo intentamos combatir esto en Leyenda, es fermentando tepache en casa, a partir de cáscaras residuales y la pulpa de las piñas con las que hacemos jugo. El tepache se puede beber solo, como una bebida fermentada no alcohólica, o en este cóctel, que se puede preparar en grandes cantidades con facilidad para servir a grupos. Ten en mente que debes prepararlo con anticipación pues, al ser una bebida fermentada, su elaboración requiere algunos días.

Agrega todos los ingredientes a una jarra mezcladora con hielo. Revuelve y vierte en una copa de vino con hielo.

TEPACHE

Cáscaras y pulpa sobrante del jugo de 1 piña grande, 1/4 galón aproximadamente

1 cono de piloncillo o azúcar panela (puedes usar 1 taza de azúcar cruda si no encuentras panela)

3/4 de galón de agua

1 cucharadita de pimienta gorda

1 cucharadita de clavos de olor enteros

5 vainas de cardamomo

RINDE 3 CUARTOS DE GALÓN • Mezcla todos los ingredientes en un contenedor para alimentos, y déjalo reposar sin refrigerar durante 3 a 5 días, hasta que se fermente. Conforme empiece el proceso, se formarán pequeñas burbujas en la parte de arriba y adquirirá un sabor ligeramente (¡si no es que muy!) avinagrado. Pásalo por un colador chino y embotéllalo. Puedes refrigerarlo hasta por 1 mes.

CHILCANO

½ fresa

2 onzas de pisco peruano Quebranta Barsol (o Singani 63 para un Chuflay)

¾ de onza de jarabe de jengibre (página 174)

¾ de onza de jugo de limón verde

1 onza de agua mineral carbonatada

1 rodaja de limón verde, para decorar

1 pedazo de jengibre caramelizado, para decorar

Aunque no lo creas, los peruanos ya bebían mulas (*mules*) de pisco en el siglo diecinueve, mucho antes de que Moscú se adjudicara su fama. Esta bebida (página opuesta) —de nombre Chilcano— está teniendo un resurgimiento en Perú, y se bebe en tales cantidades que ya se acuñó un nuevo verbo: chilcanear. Su primo boliviano, el Chuflay, es un Singani Mule.

Aunque la bebida se suele preparar con *ginger ale* o cerveza de jengibre, decidí especiar la mía con nuestro propio jarabe de jengibre, y me tomé la libertad de añadir más cuerpo con un poco de fresa.

Bate la fresa en una coctelera. Agrega los demás ingredientes, excepto el agua mineral, la rodaja de limón y el jengibre caramelizado. Agita y decanta la bebida en un vaso alto con hielo. Termina con el agua mineral, y decora con la rodaja de limón y el jengibre caramelizado ensartados en un palillo.

PISCO PUNCH

2 onzas de pisco peruano acholado Capurro

1 onza de jugo de piña

¾ de onza de jugo de limón amarillo

½ onza de jarabe de caña (página 247)

2 gotas de amargo aromático Old Fashion Fee Brothers

4 clavos de olor enteros

Esta receta es la interpretación de Julie Reiner de aquel cóctel clásico de la fiebre del oro en San Francisco. Si bien no se conoce a ciencia cierta la receta original (como se sabe en la industria, esta era secreta y se fue a la tumba con su creador), generalmente se asume que el cóctel contiene pisco (¡no me digas!), algún tipo de cítrico, piña y algunas especias. Yo decidí preparar el mío con pisco acholado, pues creo que estos eran la mayoría de los piscos que se exportaban a finales del siglo XVIII.

Coloca todos los ingredientes en una coctelera. Agita y decanta el líquido en una copa de vino con 1 cubo de hielo.

SPICY LLAMA

1½ onzas de pisco chileno
El Gobernador

½ onza de tequila blanco
Arette

¾ de onza de jugo de
limón verde

¾ de onza de jugo de piña

½ onza de jarabe de
jalapeño (receta abajo)

¼ de onza de clara
de huevo

2 gotas de amargo
de apio Bitter Truth

1 orquídea comestible,
para decorar (opcional)

Leanne Favre creó este cóctel como una aproximación vegetal al pisco chileno floral. El resultado es una bebida fantástica y colorida que sabe justo como se ve: dulce y picante, herbácea, con brillantes notas florales.

Coloca todos los ingredientes, excepto la orquídea, en una coctelera. Agita en seco, sin hielo, para emulsionar la clara de huevo. Agrega hielo, agita y vierte en una copa de champaña baja. Si puedes conseguir una orquídea comestible, decora con ella el borde de la copa. (Me encanta el contraste del rosa claro de la orquídea con el verde brillante, pero solo es adorno, así que no temas si no puedes conseguirla).

JARABE DE JALAPEÑO

5-6 chiles jalapeños   2 onzas de néctar de agave

RINDE 6 ONZAS • Procesa los jalapeños en un extractor de jugos, para obtener 4 onzas de líquido aproximadamente. Revuelve el jugo y el néctar hasta integrar, y embotéllalo. Puedes guardarlo en el refrigerador hasta por 2 semanas.

FALSE ALARM

1 onza de pisco peruano Quebranta Capurro

½ onza de jugo de limón amarillo

½ onza de jarabe de frambuesa (página 78)

¼ de onza de Campari

2 onzas de champaña brut

3 frambuesas

Cuando viví en Perú una corta temporada durante mis años de universidad, siempre que salíamos tomábamos una cola dulce de color rojo brillante, llamada Kola Inglesa, mezclada con pisco. Para un estudiante universitario, la resaca azucarada era lo más placentero del mundo. Cuando empecé a adentrarme más y más en la creación de cócteles, la recordé con cariño, y diseñé una versión más elegante. Solo se asemeja a la Kola Inglesa en apariencia, ya que el amargor del Campari le da un sabor completamente distinto: más fresco y sutil.

Coloca todos los ingredientes, excepto la champaña y las frambuesas, en una coctelera con hielo. Agita y decanta el líquido en una copa de vino con más hielo. Termina con la champaña, y decora con las frambuesas.

PEACE TREATY

1 onza de pisco peruano
Quebranta Capurro

1 onza de jerez Manzanilla
La Gitana

¾ de onza de pisco chileno
Moscatel Waqar

¼ de onza de licor de hoja
de olivo Vicario

1 gota de tintura salina
(página 249)

1 gota de amargo
de naranja de la casa
(página 246)

1 alcaparra encurtida,
para decorar

Sí, lo hice: puse un pisco chileno y uno peruano en... ¡la misma bebida! Realmente quería jugar un poco y preparar mi propio pisco estilo acholado (página opuesta), mezclando los destilados de ambos países para crear una buena base sobre la que pudiera construir. Con el Martini como inspiración, reemplacé el vermut original con manzanilla, y le di un poco de peso con el licor de hoja de olivo. Este cóctel representa la ofrenda de una corona de olivo entre ambos países.

Coloca todos los ingredientes, excepto la alcaparra, en una jarra mezcladora con hielo. Revuelve y vierte en un vaso bajo con un cubo de hielo grande. Decora colocando la alcaparra encima del hielo.

FIFTH PEW

1¼ onzas de Singani 63

¾ de onza de licor
Ancho Reyes

¾ de onza de jugo de
limón amarillo

¼ de onza de jarabe
de arce

2 gotas de amargo
aromático de la casa
(página 246)

1 cucharada de compota
de grosella negra

1 rodaja de limón amarillo,
para decorar

Chile en polvo,
para decorar

Cuando nos encontrábamos en la etapa de desarrollo en Leyenda, se me ocurrió usar bancos de iglesia (*pew*) como asientos para la parte de atrás. Al principio no pudimos conseguir ninguno, pero mágicamente encontramos cuatro en una tienda de materiales de construcción reciclados que había más adelante en nuestra misma calle.

La suerte quiso que encontráramos una quinta banca, inexplicablemente, cuando fuimos a recoger las demás; nadie tiene idea de cómo la conseguimos ni de dónde salió. Este cóctel es un homenaje a esa mágica aparición.

Coloca todos los ingredientes, excepto la rodaja de limón y el chile en polvo, en una coctelera con hielo. Agita brevemente y vierte en un vaso tiki con hielo picado o triturado. Decora con la rodaja de limón cubierta con chile en polvo.

Un pequeño nicho en las calles de La Habana, Cuba.

EPÍLOGO

¿Cómo puedo decirlo? Es esto.
Este es el mundo real.

—MAURICIO MAIA, SECRETARIO EJECUTIVO
DE CÚPULA DA CACHAÇA

Para mí, el significado de la vida se nos revela en la experiencia de vivirla. Se trata de absorber todo lo que sea posible, en la entrega más pura de que seamos capaces. Experimentar algo completamente seguro de su identidad es también sentirnos seguros de la nuestra; y hay mucha paz en ello. Para mí, estar en los campos de agave de Oaxaca contemplando un atardecer, o en un campo de caña de azúcar en Jamaica para la cosecha, o en un *boteco* brasileño bebiendo cachaza, o en un viñedo en Chile al despuntar el alba, con un *espresso* en la mano... es ser testigo de algo tan único y tan sólido en su singularidad que uno no puede más que enamorarse.

En cuanto a los destilados de este libro, estoy convencida de que *no puedes* visitar los lugares donde se preparan estas bebidas sin asombrarte ante lo que encuentras tanto como al degustarlos. Es como estar frente a una gran obra maestra del arte, frente a ruinas antiguas de un vasto contexto histórico o ante una maravilla natural; pisar estos sitios y saborear los destilados que los representan te vuelve partícipe activo de su arte.

Espero que muchos tengan la suerte de visitar algunos de esos rincones latinoamericanos para observar y conocer sus vibrantes culturas, sus hermosos paisajes y su gente amable. Como siempre, nada puede sustituir la propia experiencia, así que invito a quienes se hayan sentido inspirados a partir de su encuentro con los destilados latinos a viajar a uno o varios de sus países de origen y pasar tiempo con las maravillosas personas que los producen. No obstante, espero haber transmitido en estas páginas esas experiencias, para que incluso quienes nunca han salido de su casa puedan experimentar la América Latina al paladear los increíbles licores de un lugar que tiene la mirada puesta en su herencia cultural. Estos destilados, y los cócteles que creé para destacarlos, son una pequeña ventana hacia esos espacios y personas, y pueden servir como primera aproximación para entender qué hace de América Latina una de las regiones con una gastronomía y una cultura más ricas de la Tierra.

Disfruta.

APÉNDICE

Cualquier jarabe que se cocine al fuego o se hierva se puede conservar con seguridad bajo refrigeración hasta por un mes. Cualquier jarabe que se prepare con elementos frescos que no hayan sido calentados puede conservarse bajo refrigeración hasta por 2 semanas.

Todas las infusiones y amargos con destilados de más de 40 por ciento de graduación alcohólica tienen una caducidad indefinida, debido a su alto contenido de alcohol. Pero si te surge la duda, ¡refrigéralos!

AMARGO AROMÁTICO DE LA CASA

1 onza de amargo aromático Bitter Truth

1 onza de amargo aromático Old Fashion Fee Brothers

_____

RINDE 2 ONZAS APROXIMADAMENTE • Mezcla ambos amargos en un tazón. Embotéllalo.

AMARGO DE NARANJA DE LA CASA

3 onzas de amargo de naranja Regans

1 onza de amargo de Angostura

_____

RINDE 4 ONZAS APROXIMADAMENTE • Mezcla ambos amargos en un tazón. Embotéllalo.

INFUSIÓN DE TEQUILA Y JALAPEÑO

4 chiles jalapeños

750 mililitros de tequila blanco (yo prefiero un tequila del valle de Tequila, como Siembra Valles, Fortaleza, Arette, etc.)

_____

RINDE 750 MILILITROS APROXIMADAMENTE • Retira los rabos de los chiles. Abre los jalapeños en canal y saca las semillas y venas de dos de ellos y colócalas en un contenedor para alimentos. Pica los jalapeños restantes y añádelos al contenedor. Vierte el tequila y deja reposar la infusión entre 12 y 20 minutos, dependiendo del nivel de picante deseado. Embotéllala.

Nota: La receta de tequila con jalapeño variará, porque no todos los chiles pican de la misma manera. Necesitarás probarlo con frecuencia para asegurarte de que está bien. El tequila no debe estar frío, pues evitará que se haga adecuadamente la infusión.

JARABE DE AGAVE

8 onzas de néctar de agave

4 onzas de agua

***

RINDE 12 ONZAS APROXIMADAMENTE • Licua el agave y el agua hasta integrar por completo. Embotéllalo.

JARABE DE AZÚCAR DEMERARA

1 taza de azúcar demerara

4 onzas de agua

***

RINDE 1½ TAZAS APROXIMADAMENTE • Mezcla el azúcar y el agua en una olla pequeña, y hierve a fuego lento. Revuelve hasta que el azúcar se disuelva por completo. Retira la olla del fuego, permite que el jarabe se enfríe y embotéllalo.

JARABE DE CANELA

10 gramos de canela en raja (aproximadamente, 4 rajas molidas)

1 taza de azúcar extrafino

1 taza de agua

***

RINDE 2 TAZAS APROXIMADAMENTE • Mezcla la canela, el azúcar y el agua en una olla pequeña, y hierve a fuego medio, removiendo hasta que el azúcar se disuelva por completo. Retira del fuego y permite que se enfríe por 15 minutos. Pasa el jarabe por un colador chino y embotéllalo.

JARABE DE CAÑA

1 taza de azúcar de caña

4 onzas de agua

***

RINDE 1½ TAZAS APROXIMADAMENTE • Mezcla el azúcar y el agua en una olla pequeña, y hierve a fuego lento. Revuelve hasta que el azúcar se disuelva por completo. Retira la olla del fuego, deja que el jarabe se enfríe y embotéllalo.

JARABE DE MIEL DE ABEJA

8 onzas de miel de abeja

4 onzas de agua

———————

RINDE 12 ONZAS APROXIMADAMENTE • Licua la miel y el agua hasta integrar por completo. Embotéllalo.

JARABE DE PIÑA

1 piña cortada en cubos de 1 pulgada (28 onzas aproximadamente)

1 cuarto de galón de azúcar extrafino

———————

RINDE 2 CUARTOS DE GALÓN, APROXIMADAMENTE • Revuelve la piña y el azúcar en un tazón, y déjala macerar durante 4 horas en el refrigerador. Licua la mezcla con una licuadora de inmersión, cuélala y pásala finalmente por un colador chino. Embotéllala en un frasco de 2 cuartos de galón.

JARABE DE VAINILLA

1 vaina de vainilla

1 taza de azúcar extrafino

1 taza de agua

———————

RINDE 2 TAZAS APROXIMADAMENTE • Abre la vaina en canal y raspa las semillas. Coloca las semillas en una olla pequeña. Incorpora la vaina, el azúcar y el agua a la olla, y permite que hierva a fuego lento. Revuelve hasta que el azúcar se disuelva por completo. Retira la olla del fuego, y permite que se enfríe por 20 minutos. Pasa el jarabe por un colador chino y embotéllalo.

JARABE NATURAL

1 taza de azúcar extrafino

1 taza de agua

———————

RINDE 2 TAZAS APROXIMADAMENTE • Mezcla el azúcar y el agua en una olla pequeña, y hiérvela a fuego lento. Revuelve hasta que el azúcar se disuelva por completo. Retira la olla del fuego, deja que el jarabe se enfríe y embotéllalo.

TINTURA DE CARDAMOMO

½ taza de vainas de cardamomo molidas

750 mililitros de Polmos Spirytus Rektyfikowany, o cualquier otro cristalino de 190 grados de alcohol

RINDE 750 MILILITROS (1 BOTELLA) APROXIMADAMENTE, DESPUÉS DE COLAR • Mezcla el cardamomo y el Polmos en un contenedor para alimentos. Permite que repose 24 horas sin refrigerar. Cuela la tintura y embotéllala.

TINTURA SALINA

1 cucharada de sal

2 onzas de agua

RINDE 2 ONZAS APROXIMADAMENTE • Revuelve la sal y el agua en una olla pequeña, y hierve a fuego lento. Revuelve hasta que la sal se disuelva por completo. Retira la olla del fuego, permite que la tintura se enfríe y embotéllala.

SOBRE LA AUTORA

Ivy Mix es una de las cantineras más reconocidas del mundo. Es dueña del bar Leyenda, en Brooklyn, nominado en 2019 al Premio James Beard por el Mejor Programa de Bar, gracias a su dedicación a los destilados y a la coctelería de América Latina. Fue galardonada con el Premio Spirited como Cantinera Estadounidense del Año, en Tales of the Cocktail, y la revista *Wine Enthusiast* la nombró "Mixóloga del año". Es cofundadora de Speed Rack, un concurso para mujeres cantineras que tiene como objetivo recaudar fondos para la investigación y prevención del cáncer de mama. Vive y trabaja en Brooklyn, Nueva York.

AGRADECIMIENTOS

Este libro no hubiera sido posible sin la ayuda y el apoyo de muchas personas maravillosas, en quienes me apoyé por su habilidad, conocimiento, hospitalidad y comprensión.

Antes que todo, debo agradecer a mi equipo, mis fieles amigos: James Carpenter, que me ayudó a construir este libro más allá de mis pobres intentos de redacción, y Shannon Sturgis, cuya habilidad fotográfica no tiene igual. Los tres viajamos juntos durante meses a causa de este libro, y es tan de ellos como mío. Gracias a Ten Speed Press por su labor, y a la agencia literaria Inkwell por su apoyo. Además, un agradecimiento inmenso a Emily Timberlake, por su edición y sus dotes de porrista.

Tuve acceso a las increíbles locaciones y personas mencionadas en este libro gracias a la ayuda de muchos otros, con quienes me siento infinitamente agradecida: Justin Lane Briggs, William Scanlan, Asís Cortés, Audrey Hands, Misty Kalkofen, Carlos Camarena, Stefano Brathwaite, Nicolas Granier, Dragos Axinte, Luke McKinley, Mauricio Maia, Isadora Bello Fornari, Thyrso Camargo, David Suro, J.P. Cáceres, Pedro Jiménez Gurría y Juan Fernando González. (Estoy segura de que me falta mencionar a otros... y si eres uno de ellos, ¡gracias!). También agradezco a mis socios y a mi equipo gerencial en Leyenda, que mantuvieron el barco a flote durante mis viajes: Susan Fedroff, Julie Reiner, Christine Williams, Tom Macy, Jessie Wohlers y Shannon Ponche, y a Lynnette Marrero y Becky Nadeau, por asegurarse de que Speed Rack tuviera eventos exitosos en mi ausencia. Por último, gracias a mi familia: Sissy, mamá, papá y Gaelen McKee, y a mis amigos, por mantenerme cuerda en la etapa más profunda de redacción y edición.

ÍNDICE

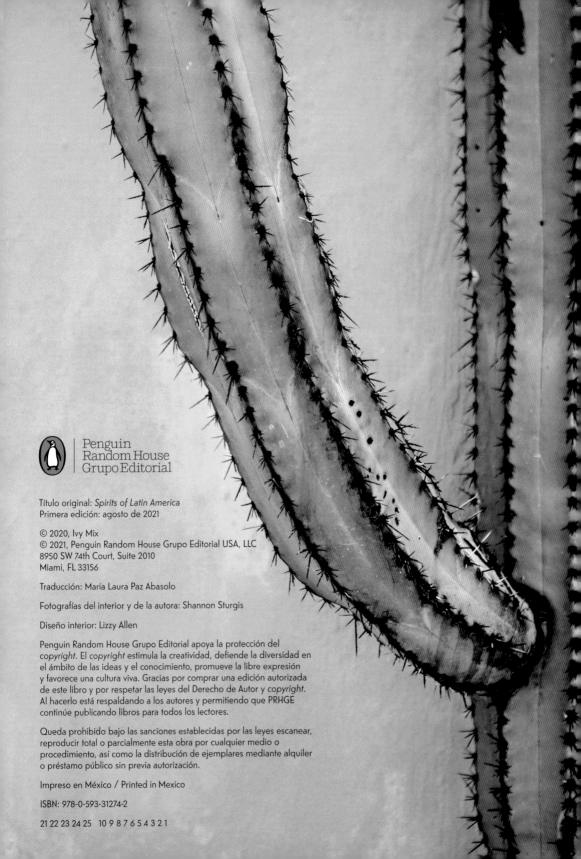

Penguin
Random House
Grupo Editorial

Título original: *Spirits of Latin America*
Primera edición: agosto de 2021

© 2020, Ivy Mix
© 2021, Penguin Random House Grupo Editorial USA, LLC
8950 SW 74th Court, Suite 2010
Miami, FL 33156

Traducción: María Laura Paz Abasolo

Fotografías del interior y de la autora: Shannon Sturgis

Diseño interior: Lizzy Allen

Impreso en México / Printed in Mexico

ISBN: 978-0-593-31274-2

21 22 23 24 25   10 9 8 7 6 5 4 3 2 1